今日も明日も
「いいこと」がみつかる

「繊細さん」の幸せリスト

HSP専門カウンセラー
武田友紀

ダイヤモンド社

はじめに　感じる力の強い繊細さんへ。――あなたの繊細さは「幸せの素」

この本は、**繊細な人が、繊細な感性で毎日の「いいこと」をキャッチし、めいっぱい幸せを味わえるようになる本**です。

「繊細な感性を持っているからこそ、深く味わえる幸せがたくさんある」という思いから、繊細な人の素敵なところや、幸せをふやすためのちょっとしたエクササイズをご紹介しています。

この本を手にとってくださったあなたは、もしかしたら次のように思ったことがあるかもしれません。

「まわりの人が気にしないような小さなことが気になる」

「相手の気持ちもわずかな違和感も、なんでこんなに感じるの？」

「もっと図太くなりたい！」

繊細な人は、光や音、相手の気持ちなど、他の人が気づかない小さなことにもよく気づきます。感じる量が多いため、疲れやすかったり、ストレスが体調に出やすかったりすることもあります。

毎日生きるだけでヘトヘトになると、

「鈍感だったらもっとラクに生きられるのに」

と思うのも無理はありません。

ですが、**繊細な人の「繊細さ」は、幸せを感じるための大切な感性**でもあります。晴れた日はそれだけで嬉しくなったり、まわりの人のちょっとした優しさにじーんとしたり。繊細な感性で、毎日の小さな「いいこと」にもよく気づき、深く味わえるのです。

さて、繊細な人とは、具体的にはどんな人を指すのでしょうか。

本書でいう「繊細な人」は、アメリカの心理学者エレイン・アーロン博士が提唱したＨＳＰ（Highly Sensitive Person）という概念がベースになっています。背の高い・低いがあるように、刺激に対する感度も人によって差があり、「生まれつき繊細な人」がいることがわかってきたのです。

ＨＳＰは日本では「とても敏感な人」「敏感すぎる人」などと訳されていますが、私は親しみを込めて**「繊細さん」**と呼んでいます。

私はこの呼び方に大きな意味があると考えています。自分自身もＨＳＰである私にとって、「敏感すぎる人」と呼ばれるのは正直なところ気持ちのいいものではありませんでした。**自分の繊細さを、克服すべき課題ではなくいいものとしてとらえる。**そこが出発点です。

ですからここから先、あなたも私も「繊細さん」と呼ぶことにします。

申し遅れましたが、私はＨＳＰ専門カウンセラーの武田友紀と申します。もともとメーカーに勤める技術者でしたが、会社でストレスが積み重なり休職したことをきっかけに、繊細さんの心の仕組みについて研究し始めました。それまでは感じたことに振り回されて疲労困憊していた私ですが、ストレスに耐え続ける生き方をやめ、**「繊**

細さを含めて自分を大切にしよう」と思えたとき、人生が大きく変わりました。

繊細な感性を通して日々の幸せをめいっぱい感じられるようになり、今ではＨＳＰ専門カウンセラーとして、繊細さんたちから仕事や人間関係のご相談をいただいたり、繊細さについて執筆することを仕事にしています。

これまで７００名以上の繊細さんからご相談いただいており、イベントなどで接してきた繊細さんの数はもっと多く、１３００名以上に上ります。

繊細さんへのカウンセリングを通してわかったことは、**「繊細さんは、繊細さを大切にすることで、どんどん元気になる」**ということです。

生まれつき繊細な「繊細さん」にとって、繊細さは、自分の大切な一部分。繊細さんが鈍感になろうとすることは、背の高い人が身長を縮めようとするようなもので、持ち前の良さが発揮されませんし、かえって自信を失ってしまいます。

鈍感になろうとして心を閉ざすと、生きる上での喜びやときめきも感じづらくなります。心がパサパサに乾いて「楽しいってなんだっけ？」「やるべきことを淡々とこなして終わり」という味気ない状態になってしまうのです。

繊細さの良い面に気づき、**「心が喜ぶもの」**や**「自分の本音」**に目を向けることで、幸せな時間がふえていきます。

まわりの人の優しさや春の葉っぱのみずみずしさ、丁寧に作られた料理のおいしさ、心に湧いてくる静かなワクワク……。

繊細さをいいものだと受け止めると、感性が花開き、世界が色鮮やかにみえてきます。身のまわりにある「いいもの」をめいっぱい味わえるようになるのです。

幸せをふやすポイントは

1. 成果主義から一歩外に出て、自分のためだけに、感じたり味わったりする時間をとる
2. 繊細さを、まずは自分の幸せのために活かす

の2つです。

「繊細さっていいものなんだな」「感じるって楽しそう」と毎日にワクワクしていた

だけるよう、ナビゲートしていきますね。

なお、この本で私は「繊細さんの素敵なところ」をたっぷりとお届けしていきますが、それは決して繊細でない人との優劣ではありません。

繊細かそうでないかは、優劣ではなく「ちがい」です。繊細さんにも、繊細でない人にも、それぞれの良さがあります。(たとえば、繊細でない人は、繊細さんが慌てるような状況でも落ちついて決断できたりします)

繊細でない人の良さを書くのは他の方にお任せするとして、この本では繊細さん向けに、**繊細さんの素敵なところ**をお伝えしていきます。

人はそれぞれちがいがあるんだな、自分は自分の良さを大切にしたらいいんだな、ととらえていただけたらと思います。

それではいよいよ、本編にまいりましょう。

幸せをめいっぱい感じる世界へようこそ!

もくじ

第2章

直感の幸せ

―人生のときめきをUPさせ、想定外の未来へ自分を運ぶ

第3章

深く考える幸せ

――ひとり静かに世界とつながる

第4章

表現の幸せ

——本当の自分で人とつながる

第5章

良心の幸せ

——やりたいことをやることで、まわりの人を笑顔にする

第6章

共感の幸せ

——「わかりあう」を手放して、いろんな人と笑い合う

序章

繊細さんって
どんな人？

繊細さんとは？

まずはじめに、アーロン博士の説に私なりの解釈を加えながら、繊細さんについて簡単にご紹介していきますね。

（ＨＳＰについては知ってるという方は、27ページまで読み飛ばしてくださいね）

「人と長時間一緒にいると、疲れてしまう」
「まわりに機嫌が悪い人がいると緊張する」
「細かいところまで気づいてしまい、仕事に時間がかかる」
「疲れやすくて、ストレスが体調に出やすい」

こういったことはないでしょうか。

まわりの人が気づかない小さなことにもよく気づく、繊細な人たちがいます。

繊細な人たちの感じやすい性質は、長らく「気にしすぎ」「真面目すぎる」など、個人の性格によるものだと誤解されてきました。ところが、アメリカの心理学者エレイン・アーロン博士が行った調査により**「生まれつき繊細な人」が5人に1人の割合で存在する**ことがわかってきました。

繊細さは生まれ持った気質であり、生まれつき背の高い人がいるように「生まれつき繊細な人」がいることがわかってきたのです。

アーロン博士は、繊細な人と繊細でない人（この本では非・繊細さんと呼びます）は脳の神経システムにちがいがあるといいます。

光や音などの刺激を受けたとき、どのくらい神経システムが高ぶるかは人によって差があり、繊細な人はそうでない人よりも、刺激に対して敏感に反応するのだそうです。

人間だけでなく馬やサルなどの高等動物も、全体の15〜20％は刺激に対して敏感に反応するそうです。種として生き延びるために、慎重な個体が生まれたのではないかと考えられています。

また、繊細さは赤ん坊の頃からの気質という調査もあります。

ハーバード大学の心理学者、ジェローム・ケイガン氏の調査によると、約20％の赤ん坊は、刺激を受けたときに手足を大きく動かし、逃げようとするかのように背中を弓なりにして泣くなど、刺激に対して鋭く反応するのだといいます。

同じストレスにさらされたとき、神経の高ぶりに関連する物質（ノルエピネフリン）が脳内に多く分泌され、また、神経が高ぶっていたり、警戒しているときに分泌されるホルモンであるコルチゾールも、他の子どもよりも多く出ているというのです。

繊細さんが感じる対象は多岐にわたります。

人の感情、場の雰囲気、光や音、気温などの環境の変化など「自分の外側にあるもの」はもちろん、体調や自分自身の気持ち、新しいアイデアなど「自分の内側で起きていること」もよく感じ取ります。

音に敏感な人もいれば、人の気持ちに敏感な人もいて、感じる対象や程度には個人差がありますが、**繊細さは、人間関係はもちろん、仕事や体調など生きる上でのベース**になっているのです。

HSP診断テスト

では、どんな人が「繊細さん」なのでしょうか。

以下は、アーロン博士によるHSP自己テストです。

次の質問に、感じたまま答えてください。少しでも当てはまるのなら「はい」と答えてください。まったく当てはまらないか、あまり当てはまらない場合に「いいえ」と答えてください。

- □ 自分をとりまく環境の微妙な変化によく気づくほうだ
- □ 他人の気分に左右される
- □ 痛みにとても敏感である

□ 忙しい日々が続くと、ベッドや暗い部屋などプライバシーが得られ、刺激から逃れられる場所にひきこもりたくなる

□ カフェインに敏感に反応する

□ 明るい光や強い匂い、ざらざらした布地、サイレンの音などに圧倒されやすい

□ 豊かな想像力を持ち、空想に耽りやすい

□ 騒音に悩まされやすい

□ 美術や音楽に深く心動かされる

□ とても良心的である

□ すぐにびっくりする（仰天する）

□ 短期間にたくさんのことをしなければならないとき、混乱してしまう

□ 人が何かで不快な思いをしているとき、どうすれば快適になるかすぐに気づく
（たとえば電灯の明るさを調節したり、席を替えるなど）

□ 一度にたくさんのことを頼まれるのがイヤだ

□ ミスをしたり物を忘れたりしないようにいつも気をつける

□ 暴力的な映画やテレビ番組は見ないようにしている

- □ あまりにもたくさんのことが自分のまわりで起こっていると、不快になり神経が高ぶる
- □ 空腹になると、集中できないとか気分が悪くなるといった強い反応が起こる
- □ 生活に変化があると混乱する
- □ デリケートな香りや味、音、音楽などを好む
- □ 動揺するような状況を避けることを、普段の生活で最優先している
- □ 仕事をするとき、競争させられたり、観察されていると、緊張し、いつもの実力を発揮できなくなる
- □ 子供の頃、親や教師は自分のことを「敏感だ」とか「内気だ」と思っていた

以上の質問のうち十二個以上に「はい」と答えたあなたはおそらくＨＳＰでしょう。しかし、どの心理テストも、実際の生活の中での経験よりは不正確です。たとえ「はい」がひとつかふたつしかなくても、その度合が極端に強ければ、そんなあなたもＨＳＰかもしれません。

出典：エレイン・Ｎ・アーロン著『ささいなことにもすぐに「動揺」してしまうあなたへ。』（ＳＢクリエイティブ）

繊細さんの4つの性質

アーロン博士によると、この気質の根底には次の４つの面（ＤＯＥＳ）が必ず存在するそうです。４つのうちひとつでも当てはまらない場合には、おそらく「繊細さん」ではありません。

・D…深く処理する（深く考える）　Depth
様々なことを瞬時に感じ、他の人が通常考えない深さまで考える。複雑なことや細かなことに目を向け、表面的なことよりも本質的なことを考える傾向にある。

・O…過剰に刺激を受けやすい　Overstimulation
ひといちばい気がつき処理するため、人よりも早く疲労を感じやすい。大きな音や光、暑さや寒さ、痛みなどに敏感だったり、楽しいイベントでも刺激を受けすぎて疲れたり、興奮して目が冴えて眠れなかったりする。感じすぎた刺激を流すために、ひとりの時間や静かな時間が必要。

・E…感情反応が強く、共感力が高い　Emotional & Empathy

共感力が強く、他者の意思や気持ちを察しやすい。ＨＳＰは非ＨＳＰよりもミラーニューロン（共感を生む働きをするといわれている神経細胞）の活動が活発だといわれている。事故や事件のニュース、暴力的な映画などが苦手な傾向にある。

・S…ささいな刺激を察知する　Subtlety

小さな音、かすかな匂い、相手の声のトーンや視線、自分を笑ったこと、ちょっとした励ましなど、細かなことに気づく。気づく対象は様々で個人差がある。

エレイン・N・アーロン著『ひといちばい敏感な子』、明橋大二著『ＨＳＣの子育てハッピーアドバイス』（ともに1万年堂出版）をもとに著者作成。

繊細さんが持つ6つの幸せ

ここからは、私がカウンセリングを通して知った繊細さんの素敵なところをお伝えしていきたいと思います。繊細さは、ストレスを感じやすいなど大変なこともある一方で、幸せの素でもあります。

私は、繊細さんが持つ幸せを次の6つに分類しています。もちろん幸せは人によってちがいますし、この6つに収まらない幸せもあると思います。大まかな傾向だと思ってくださいね。

なお、これらの幸せを非・繊細さんが持たないわけではありません。繊細さんは、非・繊細さんと比べると、これらの幸せを深く味わう傾向にある、ととらえていただければと思います。

1 感じる幸せ　小さなことに気づいて楽しむのが上手

2 直感の幸せ　「自分に合うもの」が一瞬でわかる

3 深く考える幸せ　本質的なことに目を向ける

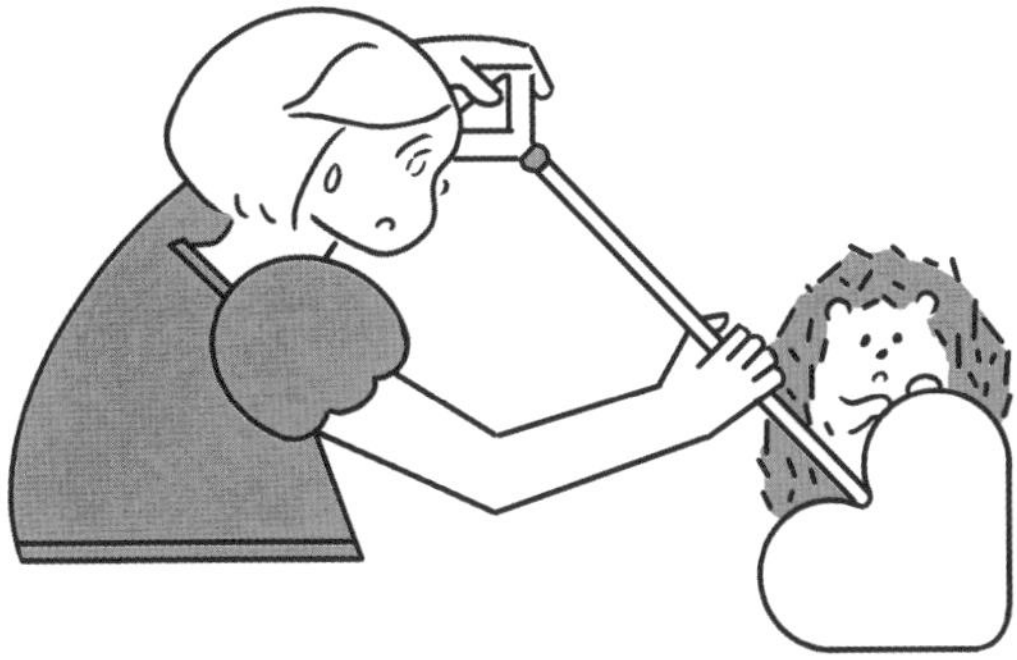

4 表現の幸せ　細やかな感性が豊かな表現につながる

5 良心の幸せ

「自分のため」と「人のため」が
重なったとき、大きな力を発揮する

6 共感の幸せ

相手の気持ちを大切に受け取る

成果主義から一歩外に出ると、満たされる幸せが花開く

幸せをふやすポイントは、**「成果主義から一歩外に出る」**ということです。

夕焼けがきれいだなぁと思うとき。
丁寧にとった出汁がおいしくて、「もう一口！」と追いかけるとき。
カフェの店員さんの、ちょっとした笑顔が嬉しいとき。

「もっと効率を上げよう」「どこかを目指そう」といった思考はなく、ただ「きれいだなぁ」「おいしい！」「嬉しいなぁ」というあたたかい気持ちが、ぽっと胸に灯るのではないでしょうか。

心にじんわり湧いてくる幸せは、どこかを目指すものではなく、自分の心で感じ

て完了していくもの。

幸せは、主観の世界にあるものなのです。

一方、私たちが生きる社会では、成果主義が幅を利かせています。

「なにごとも効率よくスピーディーに」

「生産性を高める」

「人の役に立つ人間であれ」

これらの**成果主義は、客観の世界にあるものです**。

成果主義は、他と比べて価値があるか、以前と比べて効率がいいか、生産性はどうか……といった比較の上に成り立ちます。自分の気持ちよりも結果が重視され、「世間や他者がどう判断するか」という他者視点が中心です。

成果を出すのは仕事において必要なことですが、心までもが成果主義一辺倒になってしまうと、満たされる幸せを感じにくくなります。

朝起きて、外が快晴。「いい天気だなぁ〜！」と嬉しくなる。
おいしいごはんの味が、わかるようになる。
簡単には結論を出さず、納得いくまで深く考えていく。

こういったじんわり満たされる幸せは自分が感じることであり、世間や他者からみた成果では測れません。

成果にとらわれすぎると、満たされる幸せが「無駄なもの」「生産性がない」「役に立たない」として追いやられ、みえなくなってしまうのです。

元気になった相談者さんから
「カウンセリングの帰り道、電車の中で広告の色が美しく、鮮やかにみえた」
「鳥の声がよく聞こえるようになった」
などのお便りをいただきます。

「成果を出す自分でなければならない」

「趣味でも仕事でも、他の人よりうまく出来ないなら意味がない」

など、自分が成果にとらわれていたことに気づき、

「私は私でいいんだ。自分の幸せを大切にしていいんだ」

と安心したとき、変化が起こります。


まるで幸せを感じる力が開花したかのように、世界の美しさや優しさ、嬉しいことをめいっぱい感じられるようになるのです。

幸せがふえると、成果も大きくなる

成果は客観の世界、幸せは主観の世界にあるもの。

この2つは性質がちがうとお伝えしました。

もしかしたら、

「自分の幸せを大切にすると、成果が出せなくなってしまうのでは？」

と思われた方もいらっしゃるかもしれません。

ですが、成果と幸せはトレードオフの関係ではありません。

おもしろいことに、**自分の幸せを大切にすることで、むしろ成果も大きくなっていきます**。詳しくはのちほどお伝えしますので、どうぞお楽しみに！

繊細さは、まずは自分の幸せのために活かそう

幸せをふやすもうひとつのポイントは、**「繊細さは、まずは自分の幸せのために活かそう」**ということです。

ひといちばい感じ、深く考え、味わう。

この繊細さは、人のために活かすこともできますし、自分のために活かすこともできます。

繊細さんは感じる力が強いため、相手のニーズや世間の声をキャッチしやすくなっています。そのため、つい「人のため」に動いてしまい、自分が後回しになってしまう方も多いのですが、**まずは自分の幸せのために、繊細さを活かしていきましょう。**

自分が幸せになることで、まわりの人に自然と優しくできますし、見返りを求めずに手助けできるようになります。詳しくは第5章・第6章でお伝えしていきますね。

第1章

感じる幸せ

身のまわりの「いいもの」に気づいて
めいっぱい味わう

相手のちょっとした優しさにじーんとしたり、
日常の小さな一コマを存分に味わえたり。
感じる力は、幸せの源です。

感じる幸せ

繊細さんは、まわりの人が気づかない小さなことも感じ取ります。微妙な色のちがいや声のトーンなど、小さな「ちがい」を見分けて、細やかに感じ取ることができるのです。

この「感じる力」は、空の美しさを味わったり、人の優しさを受け取ったりと、毎日のちょっとした「いいこと」を味わえる、繊細さんの幸せの源です。

繊細さんは感じる力が強いからこそ、自分に合う環境に身をおくことが大切です。合わない環境ではつらいことをキャッチしやすい繊細さも、自分に合う環境ではプラスに働きます。

感じる力がもたらす幸せを、ほんの一部ですがご紹介します。

・手触りの良さを感じる（桃の産毛が気持ちいい）
・いい匂いを感じる（金木犀の香り）
・みずみずしくて元気な野菜をみつけてワクワクする
・まわりの人のちょっとした笑顔が嬉しい（店員さん、同僚など）
・和気あいあいとした雰囲気の場に行くと嬉しくなる（文化祭など）
・お天気で幸せ（晴れの日に外に出たくなる）
・子供のちょっとした発言にじーんと感動する
・素敵な空間に癒される（カフェのテラス席。開放感があって最高！）
・小さな仕掛けやこだわりに気づいて楽しめる（レジ横のハロウィンの飾り）
・体の状態を感じ取る（ヨガの1ポーズで体の隅々まで感じる。ここもあそこも伸びてじんわり気持ちいい）
・自分の心の状態を感じる（楽しみ！　ワクワク！　を強く感じる）
・相手の良いところをみつける

・相手の動作をみて、いつのまにか自分もできるようになる

※（カッコ内は例です）

繊細さんは**小さなことに気づいて楽しむのも上手**です。

たとえば演劇を観るときには衣装や演出の中の小さな仕掛けやこだわりに気づいて楽しんだり、カフェでは、レジ横にハロウィンのかぼちゃやクリスマスツリーなど、季節に合わせた雑貨が飾られているのを見て、お会計のときにほっこりしたり。ちょっとした工夫に気づき、その背景にある人々の思いまで大切に受け取るのです。

この他、お店の店員さんが優しくて嬉しい、晩ごはんの魚がふっくらと焼けて「おっ、うまいじゃん！」とにんまりするなど、日常にある喜びをキャッチするのも、繊細さんの得意技です。

※感じすぎて困ったときの対処法は『「気がつきすぎて疲れる」が驚くほどなくなる「繊細さん」の本』（飛鳥新社）にまとめています。併せてご覧ください。

感じる幸せを伸ばすには（1）
自分のために、感じる時間をとる

では、この「感じる幸せ」は、どうやったら伸びるのでしょう？

まず大切なのは、

「楽しんだり感じたりすることに、もっと時間を使ってもいいんだ」と許可することです。


えっ、そんなこと？　と驚かれるかもしれません。

ですが、幸せな時間が、いつのまにか「生産性がない」「無駄なもの」として隅に押しやられていることがあるのです。


「自分のために時間を使うのに、なんだか罪悪感がある」ということはないでしょうか。

・ふかふかのお布団でお昼寝するのが好き。でも、お昼寝すると「時間を無駄にしてしまった」と罪悪感がある

・いつも忙しくて、ゆっくりしたいって思う。でも、いざゆっくりしてみると、「なにか生産性のあることをしなくちゃ」とザワザワしてしまう

などです。

「生産性は？」「誰かの役に立つか」「他者から見てどうか」といった成果の視点が幸せに持ち込まれると、自分のために楽しんだり、ゆっくり感じたりする時間を、まるでいけないもののように感じてしまうのです。

そんなときは、

「これまで、どんなときに幸せを感じたかな。嬉しかったかな」

「心を満たされるときって、どんなとき？」

と、自分に問いかけてみてください。

自分の「幸せな時間」を知ることが、幸せをふやすための第一歩です。

メーカー勤務のＴさんは、仕事に追われ、土日も仕事のことばかり考える生活。これではしんどいと少しずつ好きなことをやり始めたものの「これでいいのか？」と不安だったそうです。

カウンセリングを通してわかったのは、Ｔさんは**「暮らしと心」が大切**、ということでした。

これまで、「暮らしを最優先にしてはいけない、もっと仕事すべきでは？」という気持ちがあったそうですが、「暮らしと心を大切にして良いんだ！」と確認できたことで、まずは気持ちが楽になったそうです。

Ｔさんは、会社でペットボトルの水を飲むのをやめ、家でお茶を淹れて持っていくようになりました。これまでも仕事そのものを楽しむ工夫はしていたそうですが、働く環境についてもまだ改善できる、と思ったそうです。

日本茶好きのＴさんは、やがて、お茶を好きな濃さで保つことができるボトルを買って、会社でも日本茶を楽しむように。忙しい職場で、以前はお手洗いに行くことすら遠慮していたといいますが、味わうことを大切にするにつれ、気にならなくなってきたそうです。

忙しいときも、「やらなくては」という気持ちに巻き込まれるのではなく、「今、〝やらなければ！〟という気持ちになってるな」と客観視できるようになり、気が楽になったそうです。

自分の幸せに気づき、「大切にしていいんだ」と思えると、成果や忙しさに振り回されにくくなります。船が錨をおろすかのように、波に揺られても自然体に戻ってこれるのです。

自分のために感じたり味わったりする時間は、幸せそのもの。

もっともっと、自分の幸せを大切にしてくださいね。

感じる幸せを伸ばすには（2）心と体をケアすることで、感じる力がぐんと伸びる

感じる幸せを伸ばすもうひとつのポイントは、**「いい感じ」と同じくらい「嫌な感じ」も大切にすることです**。

感じる力は、毎日、様々な場面で使われています。

職場で「あの人にはこういう言い方だと伝わりやすい」と感じて、メールの文面や資料作りに活かしたり、「こうしてほしいんだな」と気づいて、相手のためにささっと動いたり。

仕事や人間関係など「役に立つ場面」では感じる力を使っている人も、「なんとなく嫌だ」「なんだか疲れたなぁ……」といった自分の心身の状態には蓋をして、いつも通りに動いていることがあるのです。

これは、**役に立つ「感じ」だけを使い、役に立たない「感じ」は無視してしまう**、ということです。この状態だと、感じる力そのものにブレーキがかかります。

役に立つ「感じ」だけを採用するという一見合理的な選択は、実は、自分への「条件つきの愛」です。

役に立つことなら感じても良いけれど、手間のかかることや面倒なことは感じてほしくないというのは、

「役に立つあなたは、好きよ」

「役に立たないあなたは、表に出てこないで」

と、自分に条件をつけているのと同じ。

「自分が感じたことは、自分にとって本当のことである」という感覚への信頼は、いわゆる自己肯定感の一部です。

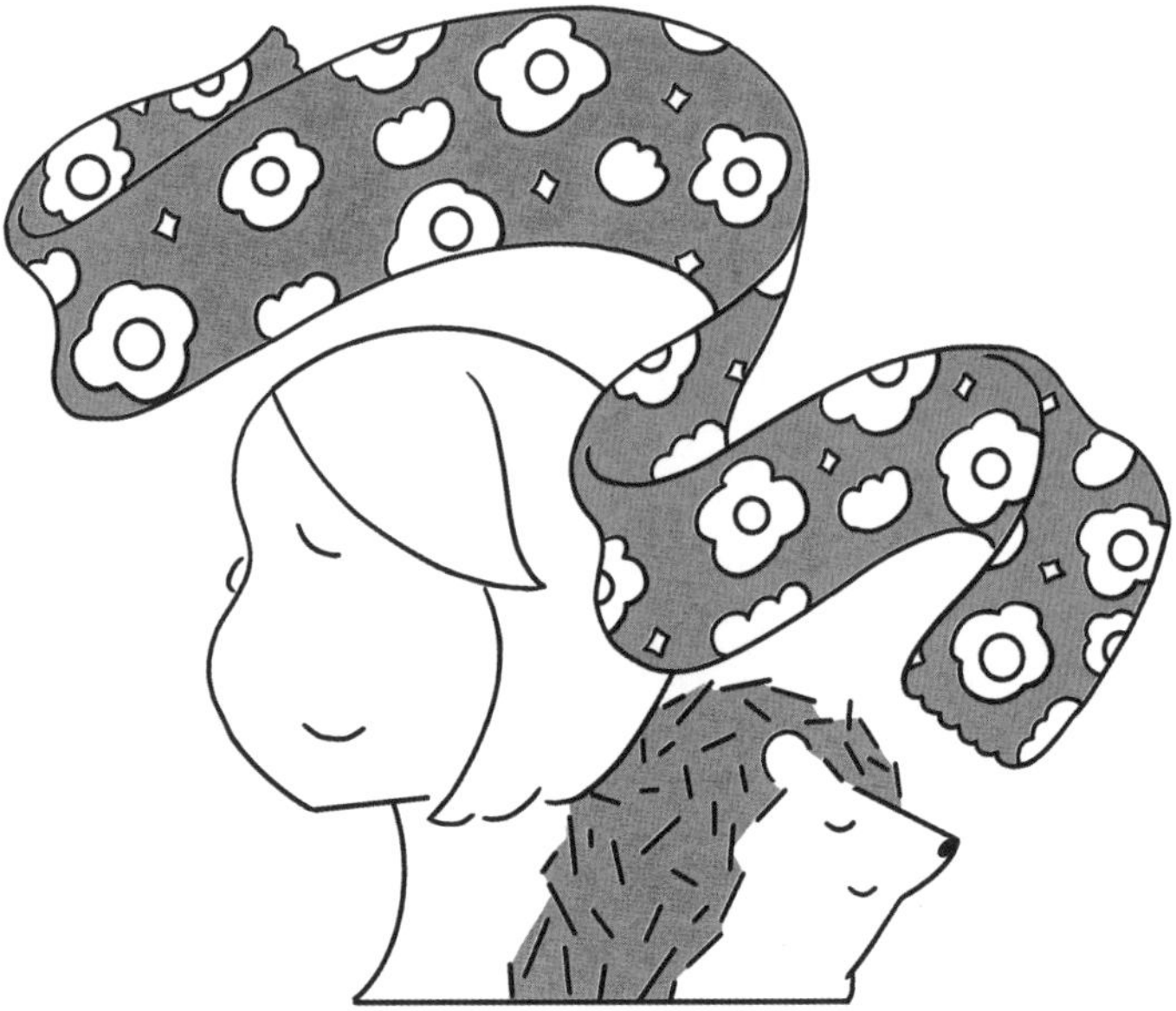

仕事や人間関係だけでなく、自分をケアすることにも感じる力を活かしていきましょう。**なんだか眠い、疲れてる、と感じたら、少しだけでもいいから休ませてあげる**、などです。

感じたことを受け止めてケアするようになると、「なにを感じても大丈夫」になり、感じる力の土台がしっかりします。

感じたことはなんであれ大切にしてください。すると結果的に、毎日の「いいもの」を感じる力も、仕事に役立つ感じる力も、ぐんと伸びていきます。

いいものは、静かでささやか

ぽかぽかと晴れた日のあたたかさ。
そっと窓にあたる静かな雨。
大切な人の優しさを感じる、たわいもない会話。
心をじんわりあたたかくするものは、静かで、ささやかです。

機能も効用も書かれておらず、洗剤のパッケージのように「僕らこんなにすごいんです」「ねぇ私を見て！」と主張したりしない。
私たちのまわりに、そっと、なかみだけで存在しています。

忙しいときや心配事があるときは、先回りしてリスクを防ごうと、「あそこがまだ

手がまわってない」「あれはこうしなきゃ」などの考えが次々に浮かび、頭がいっぱいになって、静かなものがみえなくなります。

美しいものや、人の優しさをうまく感じられないときは、「いいんだよ、大丈夫だよ」「ぼちぼちやっていこうよ」と自分に声をかけてあげてください。緊張がゆるむと頭も鎮まります。

ほっとくつろぐと、美しいものがあなたの世界にやってきます。

まるでむこうから流れ込んでくるかのように、世界の美しさや人の優しさが、いくつもいくつもみえるようになるのです。

美しいものは、毎日の中にある

ある日、紅葉を眺めながら、家の近くの路地を歩いていたときのことです。1台のスクーターがゆっくりした速度で、ぶーん……と走っていきました。ゆるやかに風が吹き、道の両側の銀杏の木から、陽に照らされた葉っぱが煌めきながら降っていました。

ゆっくり遠ざかるスクーターと、それを見送るように降りそそぐ金色の葉っぱたち。毎日通る道なのに、まるで映画の1シーンのようでした。

その光景をみて、はっとしました。映画に出てくるような美しいシーンは、特別なものじゃないんだ。美しい風景も人の優しさも、いつもの日々にあり、美しいシーンとは、毎日の風景を文字通り「切り取った」ものなんだ、と思ったのです。

忙しい毎日の中、私たちが世界の美しさを忘れたとしても、世界の方は変わらずに待っていてくれます。


帰り道、夕焼けが綺麗だなと思ったら、心ゆくまで眺めてみる。

花を一輪買って、蕾が日に日に咲いていく様子を味わう。

紅葉の季節、地面に積もった葉っぱを一枚拾い、黄から赤への美しいグラデーションを楽しむ。


毎日の中の、ほんの少しの時間でいいのです。

美しいものに気づいたら、立ち止まる。

それだけで、くつろげる時間が戻ってきます。


幼い頃も大人になった今も、美しいものはこの世界にあり、立ち止まって目を向ければ、感じることができるのです。

感じ過ぎたら、
アウトプットで刺激を流そう

繊細さんは感じる力が強く、日々暮らしているだけで、まわりの人や環境から刺激を受けて頭や心が忙しくなりがちです。

自分がどうしたいのかわからなくなるときや、気分がどんより重いときは、心も体も刺激でいっぱいになっているのかもしれません。

刺激とは、ストレスやトラブルなどの「悪い刺激」だけではありません。友人と会ったり、新しいＳＮＳを始めたり、旅行に行くなどの**「いい刺激」**も刺激のひとつ。

楽しいイベントやワクワクすることであっても、いつもとちがうことが続くと、まるで「毎日が文化祭」のような刺激過多の状態になり、容量オーバーになるのです。

繊細さんはインプットが多いぶん、こまめにアウトプットすると心が整います。

「疲れているんだけど、頭が冴えてうまく眠れない」

「本を読むと、おもしろいけれどどこかおなかいっぱい感がある」

「ネットをみると、不安感が増したり情報に酔う感じがする」

など「情報がこれ以上入らない」気がしたら、刺激過多のサインです。インプットはいったんお休みして、アウトプットで刺激を流していきましょう。


アウトプットといっても、簡単なもので大丈夫。

- **自分の気持ちを文字に書く（日記、ブログ、Twitterなど）**
- **絵を描く（ノートの端っこにラクガキでもＯＫ！）**
- **歌う**
- **電話で友達に話す**

など、ちょっとしたことでかまいません。

頭が疲れていて、気持ちを言葉にするのが億劫なときは、手持ちのペンで「こんな気持ち〜〜〜！」と、ぐるぐる丸を描くだけでもかまいません。

正確に書こうとしなくて大丈夫！

心身にたまった刺激や感情が、少しでも外に出ればそれでＯＫです。

ちなみに、誰かと話すときは自分が話すほうが優先です。話を聞いてほしいのにうっかり相手の話を聞き続けると、かえってぐったりしてしまいます。

電話であれば、相手に「最近どう？」と聞く前に「あのさ、ちょっと聞いてほしいことがあって」と切り出すなど、聞いてほしいんだということを伝えましょう。

「聞いてもらうばかりじゃ悪いな」と思ったら、まず話を聞いてもらってスッキリした後に、相手の話を聞いてあげるといいですよ。

インプットとアウトプットはセットです。

いっぱいいっぱいだと思ったら、こまめにアウトプットしてくださいね。

繊細さんのエネルギーチャージ。心満たされる空間をみつけよう

「元気が出ない。眠いわけじゃないんだけど、なんとなく気分が落ち込んでいる」「やりたいことはあるんだけど、いまいちやる気が出ない」など、休むほどじゃないけれど動くには元気が足りないときってありませんか。

そんなときは、**「休む」と「動く」のあいだの「整える」が効果的**。感じる力を使って心身を整え、エネルギーチャージしましょう。

「元気を出さなくちゃ」「やる気を出そう」と頭で考えてもなかなか難しいもの。根性だけでなんとかしようとせず、まわりの「いいもの」に助けてもらうのです。

好きな音楽をかける、お気に入りの写真集を眺める、「この人のＳＮＳをみると元気が出る」という人のブログを読むなど、エネルギーをもらえるものに触れてみま

しょう。

特におすすめなのは、**空間を使ったエネルギーチャージ**です。

これはとっても簡単で効果的。

1．好きな空間へ行く

2．なにもせずに10分ぐらいじっと座っておく

これだけです。

スマホもパソコンも見ずにただ座り、その場の空気感に身を浸すと、ざぁーっと刺激が流れていき、心身が整って、エネルギーが湧いてきます。

「それって休んでるんじゃないの？」と思われるかもしれませんが、感じる力の強い繊細さんにとって「素敵な空間でじっと座っている」のは心を満たすエネルギーチャージになるのです。

心地いい音、風景、香り、空気感……、自分に合う空間に身をおくと、その空間の「感じ」が五感すべてから入ってきて、心身に溜まったノイズを流すせせらぎのような役割をしてくれるのです。

エネルギーチャージできる空間は、人によって様々です。


「間接照明だけが灯っている静かな喫茶店」

「図書館。本に囲まれると守られている気がする」

「カフェのテラス席や、庭園のあるお茶処。緑がみえて座れるところがいい」

「家の近くにある河原。桜並木があって、寝転がれる」

など静かな空間はもちろん、人によっては

「ちょっとザワザワしたカフェのほうが落ち着く」

「行きつけのごはん屋さん。顔見知りの店員さんと会釈するだけでほっとする」

「サッカー観戦が楽しめるスポーツバー！　みんながワイワイ盛り上がっていると、自分も元気になる」

「ホテルのラウンジ。天井が高くてガラス張りのゴージャスな空間が好き」
などの例もあります。

自分に合う空間をいくつかみつけておいて
「今日は図書館だと静かすぎるから、カフェにしよう」
「人恋しい気分。顔見知りの人がいるお店に行こう」
など、気分によって使い分けてもいいですね。

心身にエネルギーをくれる素敵な空間を、ぜひみつけてくださいね。

「欲」を大切に「いいもの」をふやす

空を見上げる、誰かの優しさを感じる、おいしいものを味わう。

幸せを感じられる自分が「いいもの」に出会ったとき、ぽっと心があたたかくなります。

どんなに空が美しくても、見上げる心の余裕がなければ、感じることはできません。逆に、心が整っていても、自分にとって魅力のないものに囲まれていては、あたたかい気持ちになる機会も少ないことでしょう。

幸せを感じるには

1. 自分…幸せを感じられる自分であること
2. まわり…「いいもの」がまわりにあること

という2つが両方必要です。心のありようも大切ですが、それと同じくらい身のまわりに「いいもの」があることも大切なのです。

成果主義の話をお伝えするなど、ここまで「1．自分」を整えてきましたが、次は「2．まわり」についてお伝えします。

繊細さんは感じる力が強いからこそ、自分に合う環境に身をおくことが大切です。自分に合う環境とは、人間関係や職場、住んでいる部屋や街などです。

合う環境にいると、まわりの物や人からエネルギーをもらってどんどん元気になりますし、逆に合わない環境にいると違和感やストレスで消耗してしまいます。

すぐに職場や人間関係を変えるのは難しくても、部屋を心地よく整えたり、お気に入りのものを机に飾ったりと、身近なところから自分に合う環境を作っていくことができます。

繊細さんにとって、まわりに「いいもの」があることは必要なのです。

ここでいう「いいもの」とは、高級品という意味ではありません。ときめくものや心地よいもの、一緒にいて嬉しくなるものなど、**「自分に合う」という意味での「いいもの」**です。

いいものをまわりに置くためのキーワードは、欲。

欲を活かして、身のまわりに着々といいものをふやしていきましょう！

※自分に合う環境に移る方法は『繊細さんが「自分のまま」で生きる本』（清流出版）にまとめています。併せてご覧ください。

思いっきり「欲」を出していこう！

「うんとおいしいものが食べたい！」

「海辺でぼーっとしたい。ただひたすら海を眺めていたい」

「おしゃれしたい！」

「恋したい！」


ほしいものはありますか？

思いっきりやりたいこと、手に入れたい未来はありますか？

まわりに「いいもの」をふやすために大切なのが、「欲」です。

欲を禁じていると、人生が漂流します。自分がほしいものがわからないので、世の中の「こうするべき」や、誰かの「こうしてほしい」に流されてしまうのです。
清貧を良しとする空気があるからか、日本では、欲や贅沢、自分だけの幸せを良くないものと見なす傾向があるように思います。
ついつい欲を抑えてしまいがちになってしまうことは、相談に訪れたＯさんのお便りがわかりやすいと思いますので、ご紹介しますね。

武田さんに「幸せになってくださいね」って言われたとき、ドキッとしたんです。ドキッというか、ギクッていうか……ずっとモヤモヤしていて。「幸せになりたい」って、ほんとは思ってない事、ばれてる？　っていうのが、しっくりくる感情でした（愕然）！

なんでだろうか……ずっと考えていました。

今まで欲を持ってはいけないと思っていたけれど、幸せになるためには、欲を持たないとなのでは？　と気づきました。

欲を持ってはいけないって真面目に受け取りすぎて、自分を見失いがちだったのかな？　と。

欲を持ってはいけないとか、目立ってはいけないとか、誰かに譲らないといけないとか、自分の人生なのに誰かを主役にしようとしていたことにも、気づいてしまいました。

自分が一番自分のことを、ないがしろにしていたのかもしれません。

まだ少しずつですが、自分で自分を褒めていけるように、自分を主役に戻すように、どうしたいのか（＝欲）を、もっと意識してみます。

繊細かつシャープな感性を活かして、高貴に生き、楽で、ひまで、自由な時間をたくさん持って、癒しキャラで仕事をし、投資でザクザクお金を得て、旅行して、おいしいものを食べて、おしゃれして、ほしいものは手に入れて、パートナーを得て、幸せになる！

これが今の欲です　笑！！

楽しい！　嬉しい！　幸せ！

欲は、自分を動かし、喜びを手にする原動力です。

「あれがほしい」「これがほしい」「恋したい！」など、自分の欲を解放してみてくださいね。

思い切って欲を解放してみると、欲と一緒に、

「一緒に生きていくパートナーをみつけたい」

「穏やかに暮らしたい」

など、心にじーんと響くような願いが出てきます。それはワガママでも高望みでもなくて、あなたが**人生で望んでいること**。素直な願いです。

望んでしかるべきものを、望んでいきましょう！

問題ないものを、「ときめくもの」に置き換える

欲はちょっと勇気がいる、という方は、身のまわりの**「問題なく使えているもの」を「ときめくもの」に置き換える**のもおすすめです。

繊細さんは感じる力が強いので、ときめくものからもらえる喜びもひといちばい。

毎日使うアイテムをときめくものに入れ替えると、「ちょっとした幸せ」がそこかしこにふえて、心がふかふかになります。

たとえば、いつもよりいい靴下を買ってみる。

カラーボックスを、木の棚に替えてみる。

下着を着心地のいいものにする。

珈琲を豆から挽いてみる。

私の場合は、無機質なカラーボックスを木の棚に替えたところ、見るたびに木のあたたかさを感じてほっとしましたし、ふかふかの靴下にすると、歩くたびにふかっとした心地が伝わってきてとても嬉しく、大事にお洗濯するようになりました。

ある男性の繊細さんが取り組んだのは、充電ケーブル。デスクトップパソコン、キーボード、タブレット、スマートフォン、イヤホン……とデスクまわりがケーブルであふれていたのを、可能なものはワイヤレスにしたり、最短のケーブルを買ったり、余ったケーブルは机の下に隠したりして、ケーブルがほとんど見えない状態に。すっきりしたデスクまわりを見るたびに「おっ、いいねぇ～！」と満足するといいます。

「問題なく使える」と「ときめく」って、幸せが全然ちがうんです。

幸せを大切にし始めると、感じる力が伸びていきます。

これまで当たり前に使っていたものに違和感が出てきて、もっと自分に合うものに目が行くようになる。

便利・手軽・安いといったコストパフォーマンス重視のものよりも、「着心地が良い」「見た目が美しい」「心が安らぐ・潤う」など、感性が喜ぶものと一緒に過ごしたくなるのです。

「このマグカップ、あんまり気に入ってないんだよな」
「バスタオルがゴワゴワになっちゃったなぁ」
など小さな違和感が出てきたら、「まだ使えるから」「これでも足りているから」と気持ちに蓋をせず、ときめくものを探してみてください。

一度に全部替えるのは大変ですから、ふと目についたものから、少しずつ。長い目でみて、ときめくものをちょっとずつふやしていくのも素敵です。

五感のうち、特に幸せな感覚から、ときめくものを手に入れよう

ときめくものに置き換えるといっても、あれもこれも大事だし、どこから手をつけたらいいの？　もういっそ身のまわりのもの全部入れ替えたい！

そんなときは、視覚・聴覚・嗅覚・触覚・味覚という五感のうち、自分にとって大切な感覚を知ることから始めましょう。

たとえば、バスタオルを使うとき。なんとなくいつもこのバスタオルを選びたくなる、というものや、「お、今日はこのバスタオルか」と嬉しくなるものはないでしょうか。

選ぶ基準をみてみると、ふかふかの肌触り（触覚）がポイントの人もいれば、かわいらしい柄（視覚）がポイントの人も。

五感のうち、どの感覚を大切にしているかは、人によってちがうのです。

一日のうちでくつろぐ時間や、家の中の好きなもの・場所を思い浮かべてみてください。

それのどこが好きなのかを振り返ってみると、五感のうち自分が重視している感覚がわかります。

「いい香りの紅茶（嗅覚）も好きだけど、その幸せって、案外飲んでいるあいだだけで終わっちゃう。でも、机に花を飾ると、見るたびにウフッてなる（視覚）」

「部屋が片付いていなくてもそんなに気にならない（視覚）。それより、一音一音クリアに聞こえるイヤホンで、寝る前に好きなアーティストの曲を聴くのが至福の時間（聴覚）」

といった具合です。一言でときめくといっても、幸せの持続時間が長いものと、そうでもないものがあるのです。

どこから取り組もうかと迷ったら、五感のうち大切な感覚を満たすものから、ときめくものにしてみてくださいね。

自然の中で遊んで、自分の時間感覚を取り戻す

心も体も疲れているのに、頭だけは忙しく「次は何をしたらいい？　資格をとる？　転職するなら自己分析？」と、次々にやるべきことを求めてしまう。

プライベートでも、友人に「いつが空いてる？」と聞かれたら、最短で予定を答えてしまって「ひとりでゆっくりできる日」がめったにない……。

そんなときは、社会の忙しさに巻き込まれて、自分のペースを――自分本来の時間感覚を――見失っているのかもしれません。

どのくらいの時間感覚で生きているのかは、人によって異なります。

太陽の動きに合わせて、朝・昼・晩ぐらいのおおまかな時間感覚で生きている人

もいれば、ストップウォッチ片手に各業務にかかる時間を計測し、スケジュール通りに進めるのが好きな人もいます。

ゆっくりのんびり生きるのがベストな人もいれば、ある程度スピードを出して、テキパキと動くほうが調子のいい人も。

見えないものなので人とのちがいがわかりづらいのですが、どういうペースが自然なのかは、人によって様々なのです。


自分の時間感覚を取り戻すには、自然の中で遊ぶのがおすすめです。

自然の中で過ごすと、**「もっとゆっくりでいいんだ」**と体感できて、今の忙しさが不自然なことに気づけます。


私は、会社を辞めたあと、海でＳＵＰというスポーツをしていました。海にボードを浮かべてその上に立ち、オールで漕いで海を散歩できるスポーツです。

サーフショップには常連たちが出入りしていて、男の人も女の人もみな真っ黒に日焼けし、陽気で、どこかどっしりとした安定感がありました。

海の遊びは、天候や潮の流れに左右されます。晴れていても、遠くで雷が鳴れば浜辺へ引き上げねばなりません。

驚いたのは、みな、雷が止むのを2時間でも3時間でも待っていることです。ショップのオーナーと「次はこの道具を買いたいんだよね」と話したり、雑誌を読んだり、道具の手入れをしたり。天気待ちでイライラする様子は驚くほどないのです。自然の中で遊ぶ人は、待つことを知っているんだな。自然というコントロールできないものと共に過ごすことで、どっしりした安定感が出てくるのかもしれないと思いました。

誰にでも、自分にフィットする時間の流れがあります。相談者さんが「島に出かけて、夕日が沈んでいくのをずっと見ていた」「友達とキャンプファイヤーをして、みなで囲んでいる時間が良かった」と話してくださるとき、落ち着いた様子になりますし、相談者さんの中にゆっくりした時間が流れているのがわかります。

今の社会は、スピードが速すぎます。繊細さんはひとつひとつ丁寧にじっくり取り組む傾向にあるため、忙しすぎる環境や、「雑でもいいから早くやって」という価値観の職場では大変な思いをしやすいです。本来ゆっくりしている人がスピード重視の職場に勤めると、不安になるのも当然のように思います。

一番しんどいのは、今いる環境に影響されて、「もっと速く」と自分で自分を急かしてしまうことです。

自然の中で遊ぶと、本来の時間感覚を思い出せます。

自然の雄大なリズムが基準のひとつとして現れ、「もっとゆっくり生きてもいいんだ」と体感できるのです。

社会の中で、スケジュールに追われることももちろんあるでしょう。それでも、**「自分が遅いのではなく、社会の側が速さを求めすぎている」**と知っておくだけでも、巻き込まれることが減り、自分のペースを取り戻しやすくなります。

生き方の転機には、マッサージよりアフタヌーンティー

仕事や人間関係の転機にさしかかり、「生き方を変えたい！」というときは、「自分のため」を思い切ってドバッ！　と投入してみましょう。いつもより大胆に時間やお金をかけて、**自分が喜ぶことをしてみる**のです。それは時に、これまでの自分の価値観を覆すものかもしれません。

世の中には、

1. マイナス状態をゼロにする
2. ゼロをプラスにする
3. プラスをさらに伸ばす

の3つのサービスがあります。

「1.マイナス状態をゼロにするサービス」は、痛みや悩みを解消するもの。治療のイメージです。

「2.ゼロをプラスにするサービス」は、「今、困っているわけではないけれど、あると嬉しい」もの。お笑いなどの娯楽や、嗜好品のイメージです。

「3.プラスをさらに伸ばすサービス」は、すでに良い状態をさらに良くするもの。ディズニーランドのイメージです。ディズニーランドでは、「楽しもう」と思ってくるお客さんを、キャストが素敵な笑顔で出迎えたり、親切にしたりともっと楽しませますよね。アスリートが体のメンテナンスをするなど、さらにパフォーマンスを上げるためのサービスも「3.」に入ります。

「1.マイナス状態をゼロにする」サービスは、痛みや悩みを解消するものですから、利用時に罪悪感が出にくいです。虫歯になったら歯医者に行きますし、肩こりがひどければマッサージに行きますよね。

ところが、「2.ゼロをプラスにする」「3.プラスをさらに伸ばす」サービスは、

「絶対に必要」ではないので――我慢しようと思えば我慢できるので――ともすれば利用時に罪悪感が出ます。

たとえば、ホテルのラウンジでのアフタヌーンティー。（これは「2.」や「3.」にあたります）

すんなり「いいよね」と思う方もいれば、「そんなの贅沢！」と思う方もいると思います。たとえ同じ金額を、マッサージや職場の飲み会ではすんなり使えてもです。

お金を何に使うかは個人の価値観が出やすいのですが、**自分の喜びのためだけに贅沢することは、時に人生を変えるきっかけになります**。

ひとりで子どもを育てているNさんは、子供の教育費もかかるし将来どうなるかわからないから、と毎日切り詰めた生活だったそうです。節約し、堅実に生きていた彼女は、あるとき貯まったポイントの使いみちを探していて、雑誌でみかけたホテルのアフタヌーンティーを思い出したそう。「ポイントが使えるなら、お金もそんなにかからないから」と、思い切ってアフタヌーンティーへ。

優雅な空間でひとりお菓子を食べてみて「子供や将来のためにと毎日必死で、自分の楽しみなんて何年も忘れていた！」と衝撃を受けたそうです。

「自分のため」を取り戻した彼女は、もっと自由に働きたいと考え始め、休日も会社用携帯を手放せないストレスフルな仕事をやめて、フリーランスに。自分が笑顔でいられることを第一に、子供との時間を大切にした生き方へと変化しています。

また、経営者のＦさんは、仕事で成果を出し、クライアントや社員に信頼されるのが生きがい。自分のためにお金を使うという概念がなく、仕事用のスーツは買えても、プライベートの服を買うのはとにかく苦手。いっそ服を着なくていい生活をしたいと思っていたそうです。

白い服は汚れるから、と避けていたのですが、あるとき白いズボンを買ってみたところ、気分がいい！　仕事のためではなく自分のためにおしゃれな服を買うようになり、髪型にもこだわって、毎朝きちっとセットするようになりました。

物欲が出たことで、それまで穏やか一辺倒だった風貌にワイルドさが加わったＦさん。いい意味でガツガツするようになり、仕事でも以前よりいっそう事業拡大に取り組んでいます。

日本は「人のため」がよしとされ「自分のため」はワガママとされやすい風土です。「人のためばかりじゃ苦しいよ。自分のことも大切なんだよ」とは、なかなか教わりません。

繊細さんは相手のニーズをキャッチする力が強く、良心的で、社会の規範を守ろうとします。そのため、ともすれば「人のため」ばかりになりやすいのです。

私たちの本心は「誰かの役に立つか」「将来のために」「面倒ではないか」「生産性は」といった幾重ものベールで覆い隠されています。

人生の要所で大胆に「自分のため」を投下することで、ベールが揺らぎます。成果や「人のため」に覆われ、遠い昔に見失った本来の自分が——自分が本当はなにに喜び、なにを大切にしたいのかが——ベールを剥がすように、少しずつみえてくるのです。

第2章

直感の幸せ

人生のときめきをUPさせ、
想定外の未来へ自分を運ぶ

「なぜかわからないけど、そんな気がする」
「見た瞬間にピンとくる」など、繊細さんは鋭い直感を持っています。
自分に合う人・場所・物をみつけたり、ベストな組み合わせがわかったりと、
直感を大切にすることで身のまわりに
「いいもの」「気の合う人」がふえて、毎日のときめきがUPします。
また、直感は「やりたいこと」を示すコンパスでもあります。
直感を手がかりに行動することで、幸せな方向へと進んでいけます。

直感の幸せ

「なぜかわからないけど、そんな気がする」

「見た瞬間にピンとくる」

など、繊細さんは鋭い直感を持っています。


直感を大切にすることで、身のまわりに「いいもの」「気の合う人」がふえて、毎日のときめきがＵＰします。

直感は、やりたいことを探すためのコンパスにもなります。直感をきっかけに行動してみると、想像もしなかった幸せへとたどり着けるのです。

また、直感は思考を越えた力です。直感と思考を両方使っていくことで、思考だけではたどり着けなかった領域に到達することもできます。

それでは、直感がもたらす幸せをほんの一部ですがご紹介します。

- 自分にとっての「いいもの」がわかる
- ベストな組み合わせがわかる
（器とコースターの組み合わせ。「これにはこれが似合う！」とわかる）
- ベストな状態がわかる（資料作りで「グラフはこの色だと見やすい」とわかる）
- 相手の話が嘘か本当かがわかる
- ものごとの本質にたどり着ける
（ざーっと情報を読み込むと、「あ、そういうことか」と、不意にわかる）
- 初対面の相手でも「この人は仲良くなれそう」などピンとくる
- インスピレーションが湧く
（情報を頭に入れてから散歩に出ると、不意にインスピレーションが湧く）
- 直感と思考をどちらも使うことで、想像以上の結果を出せる
- 体感覚で人生の方向性がわかる（やるといいことは明るい感じや、体が軽くなる感覚。逆に進むべきでない方向は暗い感じがする）

※（カッコ内は例です）

直感を使うと、身のまわりに「いいもの」「気の合う人」がふえる

第一印象で気の合う人かどうかがわかる、外観だけで居心地の良さそうなカフェがわかるなど、繊細さんの直感は、自分にとっての「いいもの」を教えてくれます。

直感というと、なにやら怪しいと感じる方もいるかもしれませんが、ここでいう直感は特別なものではなく、誰もが日常的に使っているもの。

「かわいい！」とときめいたぬいぐるみを買ってずっと大切にしていたり、初対面で「なんだかこの人、いい人そうだなぁ」と思った相手と後で仲良くなったりしたことはないでしょうか。

ものづくりに携わる繊細さんからは「実験データがおかしいと、変な感じがする。この辺が怪しいと感づいてデータを見ていくと間違いが出てくる」「問題があるとこ

ろは、なんだか『でっぱってる感じ』がする」などの言葉を聞きます。
そういった**「なんとなくの感覚」「根拠はないけど、わかること」**を、ここでは直感と呼んでいます。

直感は「わかる」力です。
論理的思考が「ＡでＢだから、Ｃ」と順を追って結論にたどり着くのに対し、直感は一発で「これがいい！」（あるいは、これは危ないよ！）と教えてくれます。

のちのちお伝えしていきますが、直感は、自分の価値観を反映しています。根拠がなくてもピンときたもの、心惹かれたものを選べるようになると、心が満たされる物や、元気をもらえる相手がまわりにふえて、人生のときめきがＵＰします。

直感の幸せを伸ばすには、「ある」前提で使ってみる

繊細さんは直感が鋭いとご紹介しましたが、直感の活用度合いは人それぞれ。生活や仕事に直感をフル活用している人もいれば、あまり使っていない人もいます。

カウンセリングの経験上、不安から頑張り続けてきた人は、直感が封じられている印象があります。

頑張りには、「情熱をもとにした自然な頑張り」と、「不安を背景にした自分に鞭打つ頑張り」の2種類があります。

直感は、根拠のない「なんとなく」の感覚です。不安が強いと、頭で考えて安全なものや無駄のないものを選びたくなるので、「なんとなく」の直感を頼れないのです。

ですが、直感は本来、誰もが持っているもの。まずは「ある」前提で、ちょっとしたことから使ってみましょう。

「このお店、絶対おいしい！」

「このお店は、おいしくなさそう……」

など、私は、お店の外観をみるとおいしいか（自分好みの味か）どうかがわかります。旅先など初めていく土地で、たとえお客さんがひとりも入っていなくても、おいしいかどうかがわかる。

夫には「よく外さないね。なんでわかるの？」と不思議がられますが、私はもともと頭で考えてばかりでこのように直感を使えませんでした。

数年前、鎌倉に旅行に出かけたときのこと。民家なのかお店なのか、ひと目ではわからない一軒家がありました。

「これ、お店かなぁ……？　なんだかよさそうなところだな」

広い敷地を生け垣に沿って歩いていくと、玄関に小さな看板とメニューが置いてありました。メニューの写真で、美しくすっと切られたチーズケーキの断面をみたとき「あ。ここ、絶対おいしい！」と思ったのです。

日没時で、入っていくお客さんもほとんどいなかったのですが、入ってみることに。すると、お店の奥にはよく手入れされた庭が広がり、小さな池があり、借景の山があり……、運ばれてきたチーズケーキもお茶も大変おいしく、美しい景色の中で、ゆっくり過ごすことができました。

その一件で「もしかして、お店の外観をみればおいしいかどうかわかるのかも？」と思ったのです。

それ以来、外観で「なんだか良さそう」と思ったお店に入ってみることを続けました。なかには低価格の焼肉屋さんもあって、頭では「この値段の焼き肉っておいしいの？」と疑問に思う値段でしたが、直感に従って入ってみると、肉の処理が丁寧でおいしく、店員さんも陽気。

直感を使うようになってから、自分に合うお店を見分けられるようになりました。

これはプライベートでの小さな直感の例ですが、もちろん仕事でも直感を使っています。

直感は、感じる力の発展形

直感を使うようになって思うのは**「直感はもともと備わっているものだ」**ということです。頭で考えてばかりだと、直感は錆びて動かなくなっていますが、**「ある」と気づき、使うにつれて、なめらかに使えるようになる**のです。

繊細さんはひといちばい感じる力が強いため、生きているだけで「こうしてみたら良かった」「こういうのは、ちょっとちがう」など、これまでの経験が細やかに蓄積されています。

直感は、感じた経験がぎゅっと凝縮されて、「いい」「ちがう」と瞬時に出てくるようになったもの。感じる力の発展形であり、**「これまでの経験を信頼する」**ということでもあるのです。

直感を上手に使うコツは、**「リラックス」**です。

精神科医の泉谷閑示氏は、人間を「頭」「心・身体」に分けて解説しています。

「頭」は理性の場で、なんでもコントロールしたがる傾向にあり「〜すべき」「〜してはいけない」という言い方をする。過去を分析し、未来やここ以外の場所をシミュレートするのが得意。

「心」は感情や欲求、感覚（直観）の場であり、「今・ここ」に焦点をあてて「〜したい」「〜したくない」「好き」「嫌い」などの言葉を使う。

「心」と「身体」は一心同体で、頭が心に対してフタをしてしまうと、頭に聞き入れられなかった心の声が症状として身体にあらわれる、というのです。

泉谷閑示著『「普通がいい」という病』（講談社）より要約

直感は、心と体を土台に発生します。

緊張や不安が強いと、どうしても「頭」で考えて間違いのない方法を探そうとしますから、直感を使いにくくなるのです。

直感がうまく働かないときは、深呼吸したり、「大丈夫だよ」と自分に声をかけたり、お散歩したりして、リラックスしてみてくださいね。

直感は心の声でもあり、直感を大切にするとは、自分の本音を大切にするということでもあります。

まずは小さなことから直感を使ってみてください。

「このお店、いいかも」と思ったら、初めてのお店でも入ってみる。

「お花がほしい」と思ったら、今の気分に一番合うお花を買ってみる。

「この人、良さそうな人だな」と思ったら、いつもより話しかけてみる。

「この人、なんかちょっと変だな……」と思ったら、距離をとって様子を見る。

直感は、検証することで磨かれていきます。

直感で感じて、行動して、直感が当たっているかどうかを確かめる。検証することで、自分の直感がどんなときに当たり、どんなときに外れやすいのかがわかってきます。

「相手とうまくいくかは、会ったときの第一印象でわかる。でも、メールだけのやりとりだと、うまくいくかは読み取れない」など、得意不得意がわかると、直感を使いやすくなり、精度も上がっていきます。

直感を言語化してみると、自分がわかる

直感は、なんとなく「わかる」もの。

そこに根拠が〝ない〟からこそ「直感」なのですが、それでもあえて

- **なぜいいと思ったのか**
- **どこをみて判断しているのか？**

直感のなかみを言語化してみると、自分の価値観がわかります。

カウンセリングの現場で感じることですが、**直感で「いい」と思うものには、その人の良さが反映されています**。

色に強みのある人は、服がグレートーンでもイヤリングがカラフルだったりします。隠していても、その人らしさは持ち物に――特に、小物など自由度の高い持ち

物に――にじみ出ています。
ぬいぐるみでも手帳でも「かわいいなぁ〜！」と思ったのであれば、自分にもかわいらしい面があるということですし、「繊細で美しいもの」に惹かれるのであれば、自分が繊細で美しいのです。

持ち物だけでなく、**人間関係で使う直感にもその人自身が反映されています。**

コンサルティング会社でマネージャーを務めるＹさんは、誰にどのプロジェクトを担当させるか、誰と誰をチームにすると成果が上がるかが、直感でぱっとわかるといいます。メンバーのスキルや専門性はもちろん考慮に入れるけれど、スキルよりも「その人が、そのプロジェクトにカチッとはまる感じがするか」という言語化できない感覚のほうが大事だと。

的確な人材配置でプロジェクトの評判もよく、Ｙさんのもとには口コミでクライアントが集まっています。

Ｙさんは、人材の採用も担当しています。どういう人と出会ったときにピンとくるのか尋ねてみたところ、「どんな現場にもはまれる柔軟な人」という答えが返ってきました。経営者とも現場の人とも話せて、専門知識を吸収しながらやっていける人が理想だというのですが、それはつまりYさん自身。

彼自身が「どんな現場にもはまれる柔軟な人」であり、様々な立場の関係者と柔軟にコミュニケーションをとれるから、的確な人材配置ができるのです。

直感で「いい！」と思ったものについて、なぜいいと思ったのか言語化してみると、自分という人間がわかります。

直感でピンときた相手は、自分と共通する素敵な一面を持っている人ですし、直感でいいなと思った物は、自分のいい部分を反映しています。

直感でいいなと思ったものを身のまわりにおくことで、仕事でもプライベートでものびのびと動けて、自分の良さが引き出されます。

これを／この人をいいと思ったのは、なんでだろう？

どこが好きなんだろう？

自分を知り、いいところを引き出す手段のひとつとして、直感の言語化はおすすめです。

「いいな」「やってみたいな」という直感は、一日に何度も湧いている

直感は、やりたいことを探すためのコンパスとしても活用できます。

繊細さんが元気に生きるには、**「小さなことから、やりたいことをやる」**ことがとても大切です。繊細さんは刺激を受けやすく、どうしても疲れやすい一面があるのですが、やりたいことをやるとむしろ元気になります。

やりたいことをやっているときには、ワクワクしたり深く集中したりと、自分の中に「いい時間」が流れています。

体は疲れても、心は元気。やりたくないことをやるときの消耗感とはちがい、適度なスポーツをした後のような心地よい疲労感と満足感が得られるのです。

「やりたいことって言われても、自分がなにをしたいのかわからない」

「趣味でも仕事でも、熱中できることがない」

と思う方は、ぜひ直感を使ってみてください。

直感は、「なんだかいいな」「〜したい」という小さな声で、やりたいことを教えてくれています。

- 通りすがりに、街の掲示板でフリーマーケットの案内を見た
- 海に行きたいなと思った
- あの子は元気かな、と友達を思い出した

など、小さなことからでかまいません。

かすかなサインなので見逃してしまうかもしれませんが、「やりたいこと」を示す「いいな」「やってみたいな」という直感は、実は一日に何度も湧いているものなのです。

「なんだかいいな」をスケジュールに入れると、魔法のように願いが叶う

ふとした「なんだかいいな」に気づいたら、そのまますーっと行動に移してみましょう。

たとえば、行きたいイベントがあったらその場でチケットの申込みをしてしまう、「海を見たい」と思ったらとりあえず2週間後のスケジュールに入れておくなど、今その場でできる、ほんのちょっとの行動でかまいません。

「忙しいし、やることが他にもたくさんあるから」

「旅行でも買い物でも、もっとよく考えないと」

など、ふだん考えすぎてしまう人ほど、「気ままに動く」を試してみてほしいのです。

94ページで、人間は「頭」「心・身体」からできているというお話を紹介しました

が、「なんだかいいな」「こうしたい」などの「〜したい」は、心の声。一方、「忙しいからダメだよ」など理由を考えたり、「もっと〝ちゃんと〟選ばなきゃ」と「〜すべき」という形で考えだすのは思考。頭の声です。

考えだすと、せっかくの直感が失われます。検討しているうちに時間がたち、面倒になって「また今度にしよう」となり、やがて忘れてしまう……。

〝ちゃんと〟しようとすればするほど、「こうしたい」という心の声はかき消されてしまうのです。

「あの人、どうしてるかな。話したいな」と思ったら、「でも、迷惑かな」「忙しいかな」など後から湧いてくる遠慮は脇において、お誘いのメールを送ってみる。

「気が重い」と感じるセミナーやイベントには、心のままに「行かない」という選択をする。後から湧く「勉強になるから」などの思考で直感を打ち消さない。

直感は心の声であり、本音です。**直感を大切にすることは、自分の本音を大切にすること**なのです。

「なんだかいいな」と思ったらすーっと行動し、「なんだかモヤッとする」と思ったら、選ばない。

直感を行動につなげていくと、「こんなに簡単に叶うものなんだ」と思うほど、嬉しいことや素敵なことがどんどん実現していきます。

旅に出かけることも、海を見ることも、大好きな友人とごはんを食べることも（そして、気の重い集まりには行かないことも）、まるで魔法のようにするすると叶っていくのです。

本屋さんに行くと、自分の本音がわかる

それでもやっぱり、自分がどうしたいかわからない。

直感、働いていない気がする……！

そんなときは、本屋さんに行くと自分の本音がわかります。

店内をゆっくり一周すると、ふと目に入る表紙やタイトル、手に取りたくなる本がないでしょうか。

カフェめぐりの本や「がんばりすぎないための○○」など、ゆるめる系のタイトルが目に入るようなら、ゆるめたい気分ですし、学ぶ系の本を手にワクワクするなら、学びたい気分です。

手に取ったとき、ほっとするもの、ふわっと気持ちが明るくなるもの、ワクワク感のあるものが「今やりたいこと」です。

逆に、どことなく気分が暗くなるもの、体がぎゅっとこわばるもの、義務感を感じるものは、今やりたいことではありません。

落ち込んだときは特に、「自分を変えなきゃ」「将来のために学ばなきゃ」と資格や心理学、自己啓発の本を手に取りがちになるかもしれませんが、本を手に取ったときに明るい感覚がないのであれば、それは今やりたいことではありません。不安からくる「〜すべき」という思考です。

資格の本であれ、心理学の本であれ、本心から「やりたい」と思っていれば、「おもしろそう！」とワクワクした感じがするものです。

気持ちが明るくなる感覚をコンパスに、自分の本音を把握してくださいね。

本屋さんだと情報が多すぎて混乱する方は、図書館もおすすめです。整然と背表紙が並んでいるので、落ち着いた状態で自分の本音を探れます。

直感は、想定外の幸せへ連れて行ってくれる

ここまで、イベントに行ってみる、スケジュールに入れてみるなど小さなことに直感を使うお話をしてきました。ここからは「直感をきっかけに行動することで、想定外の幸せに出会える」というお話をしていきたいと思います。

直感は、思考を越えた力です。

「なんだかいいかもと思ってやってみた」
「この話には乗ってみよう／なんとなく怪しいからやめておこう」
など、直感をコンパスに行動するうちに、熱中できる仕事をみつけたり、パートナーと出会ったりと、人生で大きな意味を持つものにたどり着けるのです。

私の友人のHさんが熱中しているのはお芝居です。

芝居をやろうと思ったのは、高校に入学して部活動を選ぶとき。廊下を歩いていて、ふと「母親が声優志望だった」と思い出したのがきっかけだそうです。

中学では陸上部で、それまで芝居をやろうとは全く思っていなかったのに演劇部に入り、そのまま芝居の道へ。大学でも社会人になってからも、舞台に出たりワークショップを開催したりと、芝居に打ち込んでいます。

「直感だけですべて決める」という意味ではありません。直感は、あくまできっかけです。

直感をもとに行動したとき、一発で「一生これをやっていきたい!」とわかるわけではないのです。やってみたときの感覚は、「へぇ〜! なんとなくいいかも」「これっておもしろいかも?」ぐらいの、ぼんやりした感覚だったりします。

何度もやってみて、それでも「本当にこれをやりたいのか」と迷うことも、もちろんあるでしょう。

Hさんも、難なく芝居を続けてきたわけではありません。通っていた演劇スタジオで上手くいかず、自分の演技に自信を失って演劇スタジオをやめたそうです。その後「俺は本当に芝居をやりたいのだろうか」と自問自答して、一旦芝居から離れようとしました。

先のスケジュールも白紙の状態で「なにをしようか」と思ったとき、浮かんだのはひとりで公民館を借りて、とにかく好きなようにやることでした。

歌ったり踊ったり、絵を描いたり、小説を音読したり。4～5ヶ月間ひとりで遊んでいるうちに、「やっぱり自分は芝居なのか」と気がついたそうです。

「芝居の中でも演技は極めたい。これまでやってきた即興芝居は、極めたいというより、仲間と一緒に楽しみたい」と自分の思いがはっきりしたことで、「芝居したい！」という気持ちがあふれ出て、積極的に舞台に出たり自分でチラシを作ったりと、日々芝居に打ち込んでいます。

実は、好きなものの中でも、情熱が湧くゾーンは狭いもの。やり方をアレンジしたり、相手をかえたりといろんな角度から繰り返し取り組むことで、徐々に、「こういう人たちと、こういうやり方でやるのが好き」という自分なりのスタイルが絞り込まれてきます。

自分のスタイルで何度もやるうちに、あるときふと「私はこれが好きなんだ」と気づくのです。

「なんだかいいな」の直感と、やってみての実感を、どちらも大切にしてください。

迷ったときは、頭で考えるよりも、それをやっている最中の感覚を大切にする。そうやって自分にフィットするものを選び続けることで、人生で大きな意味を持つ、夢中になれるものにたどり着けるのです。

一見関係ないものごとも、一本の道につながっている

本音を大切に、やること／やらないことを取捨選択するうちに、自分の道が――人生をかけてやりたいことが――みえてきます。

「人生をかけてやりたいこと」は、実は、職業名やものごとの名前ではありません。「本音で人と話したい」「黙々と手を動かしたい」「人の心を動かしたい」など、「～したい」のついた抽象的な言葉（動詞）で表されます。

先ほどのＨさんは、芝居のかたわら、ＨＳＰ交流会を主催したり、副業でデザインの仕事をしたりしています。

話を聞いていると、彼がやりたいのは「人の心を動かすこと」です。芝居、ＨＳ

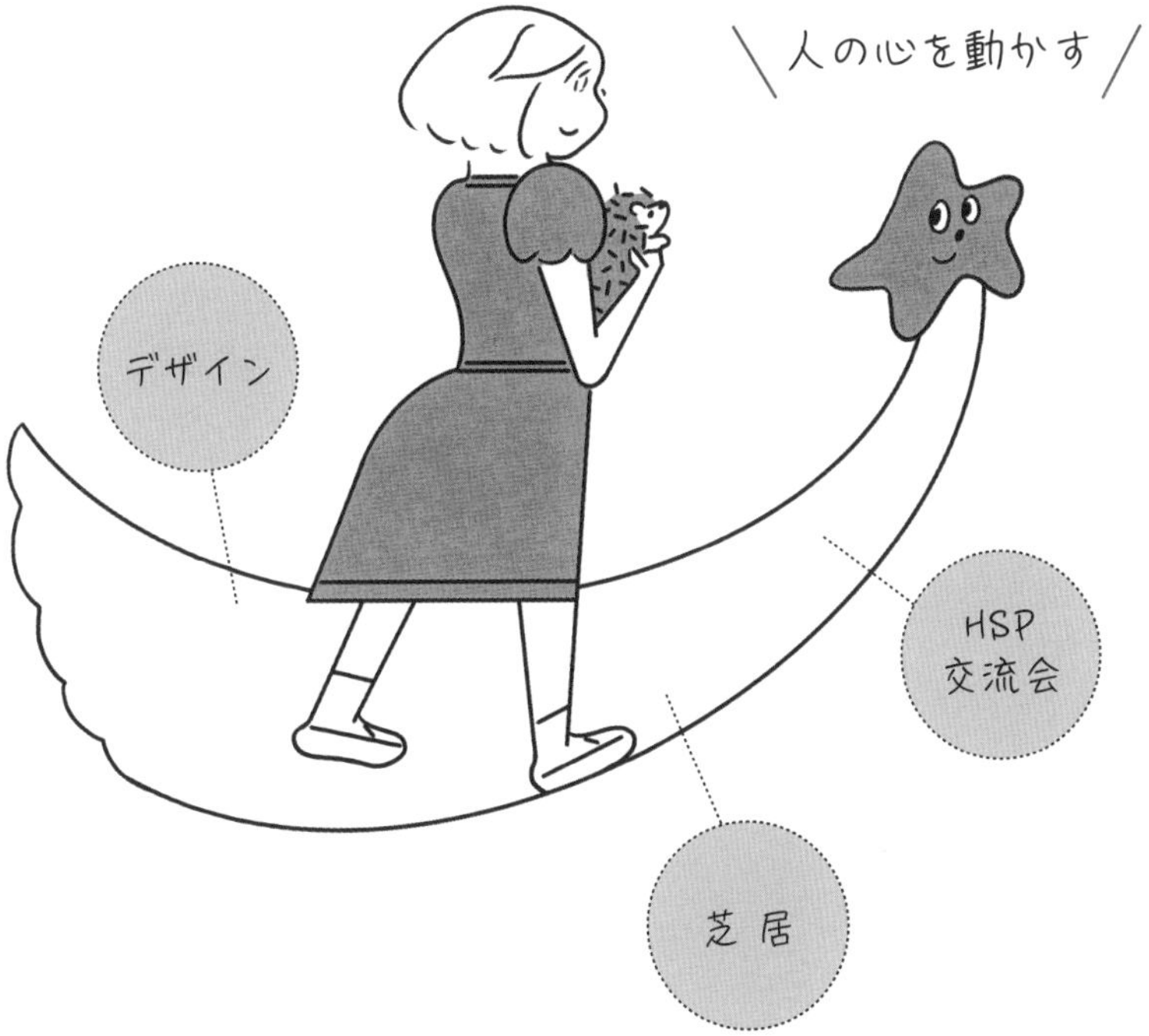
人の心を動かす
デザイン
HSP
交流会
芝居

P交流会、デザイン……と、全く関連のないことをやっているように見えても、彼の中では全部「人の心を動かす」という自分の道につながっています。

心の奥深くに「人の心を動かす」という道があり、その具体的な手段として芝居やデザインなどを行っているのです。

自分の道は、最初から自覚できるわけではありません。

その時々で、「なんだかいいな」と心惹かれたことをやり、おもしろかったら続け、ちがったらやめる。**取捨選択を繰り返すうちに、「すべてつながっていた」「あのときのあれが、今につながっている」と思えてくる**のです。

小さなことでも、ふと心に浮かぶことがあったら、ぜひやってみてください。

そのままやり続けるかもしれないし、他のものごとにたどり着くかもしれない。

今はわからなくても、すべてが学びになり、自分の道へと収束していきます。だから安心して、自分がやりたいことをやってくださいね。

未来の自分からの招待状。服やメイクが生き方の変化を助けてくれる

「これまで着なかった色や形の服に惹かれる」

「クローゼットは整理されているんだけど、〝着る服がない〟気がする」

「これまで外見はどうでもいいと思っていたけど、服やメイクに興味を持ち始めた」

こんな気持ちになったら、人生が変化する時期かもしれません。


カウンセリングの現場で実感することですが、本音を大切にし始めると、外見が変わります。


初めてお会いしたときには髪をひとつに束ねていた相談者さんが、3ヶ月後には、ふわふわのパーマをかけて髪をおろしていたり。

黒やグレーの服を着ていた方が、明るい色の服になったり。

ばっちりメイクだった方が、ナチュラルメイクになったり。
心の変化とともに服やメイクが変わり、「その人らしさ」が外見に反映されていくのです。

表情や話し方も変わります。

「自分はこう思う」と以前よりはっきり言えるようになるので、まわりを警戒する必要がなくなります。弱みや隙を見せないようにして自分を守っていた方は、安心感が増して雰囲気がやわらかくなりますし、逆に、何にでも「いいよ」と言うことで相手に適応していた方は、自分の意見をはっきり言うようになって、ワイルドさが増します。

本音がわからないときは、自分がなにを着たいのかがわからず、どうしても無難な服になりがちです。

自分の心身を大切に過ごすうちに、
「この赤は、なんだか色が強すぎて着れない」

「今日はこの服の気分！」

「髪の毛はもうちょっとこんな感じがいいな」

など、「今日の気分」がはっきりわかるようになります。すると、本音がぼやけていた頃の服が合わなくなり、着る服がない気がするのです。

そんなときは、今の自分に合う服を探しに行きましょう！


今まで選ばなかった色や形の服にピンときたら、それは未来の自分からの招待状。

言語化されていなくても、「これからこうやって生きていきたい」という芽が自分の中に育っていて、それが「ほしい服の感じ」として表れているのです。


「ドレッシーすぎて、職場には着ていけないかも」

「この色はちょっと派手かな」

など、これまでの基準では買わないものであっても、心惹かれるのであれば、ぜひ手にしてみてください。

新しい外見で過ごすと、その服を着るたびに「私って、こういうものが好きなんだ」と確認できて、視覚や触覚から新しい生き方が馴染んできます。

生き方の変化を、服やメイクが助けてくれますよ。

本音で選び続けると、人生全体が良い方へシフトしていく

身のまわりのものを、ときめくものにしてみたり。

一緒にいて元気になる人と、会う頻度をふやしたり。

「今のうちにあれをやっておこう」と隙間なく動き続けるのではなく、景色を眺めたりお茶を味わったりと、くつろぐ時間をとるようにしたり。

身のまわりの物も、人間関係も、時間の使い方も、「ほっとすること」「元気になること」を取り入れていくと、人生全体がいきいきとし、心に余裕が出てきます。

毎日の中で心地良い時間がふえると、いつのまにか、「心地良い状態」が基準になります。

たまに嫌だなと思うことがあっても、ベースが心地良いから乗り越えやすくなります。

なにより、**「いいもの（自分に合うもの）」を取り入れ続けることで、合わないものを手放しやすくなります**。

たとえば、一緒にいて元気になる友人と会う頻度をふやすと、「人と会うのは心地良い」が基準になります。「この人といると、なんだか疲れる」という相手との合わなさが際立って、距離をとろうと思えるのです。

いいものにたくさん触れることで、違和感のあることを手放していける。

人生全体が、少しずつ良い方へとシフトしていきます。

第3章

深く考える幸せ

ひとり静かに世界とつながる

繊細さんは、表面的なことよりも本質的なことに目を向け、
深く考える傾向にあります。興味のあることを追いかけたり、
自分の気持ちを掘り下げていったりと、
深く考える力によって探究の幸せがもたらされます。

深く考える幸せ

繊細さんの性質のひとつに**「深く考える（深く処理する）」**があります。

仕事上のリスクから相手の言葉の背景まで、他の人が通常考えない深さまで細やかに考えるので、まわりの人に「そこまで考えるの？」と驚かれることもありますし、**表面的なことよりも本質的なことに目を向ける傾向**にあるため、まわりの人と視点がちがう場合もあります。

まわりとのちがいを感じやすい一面ですが、繊細さんにとって、深く考えることはごく自然なことであり、幸せにもつながる大切な性質です。

深く考える力がもたらす幸せを、一部ですがご紹介します。

・アイデアが次々に浮かぶ
・素敵な物をみて、つくり手の気持ちに思いをめぐらせる
・興味のあることをとことん追求する
・内面に向き合って、自分の気持ちを分析したり、掘り下げたりする
（「あのとき、なんでこう思ったんだろう？」と振り返り、気持ちを整理しながらブログを書く）
・相手の事情を思いやる
（相手のふるまいを簡単にジャッジせず、「なにか事情があるのかな」と思いやりを持てる）
・相手のちょっとした優しさを、その背景とともに受け取る
・心に深く潜って作品を生み出す
・「直感」と「深く考える」の組み合わせで、クオリティの高いものを作り上げる
・人生や生き方、心、死などに思いをめぐらせ、哲学的な思索にふける

※（カッコ内は例です）

深く考える力（1）瞬時に思い浮かべる

繊細さんの「深く考える」という性質には

1. 瞬時に思い浮かべる
2. 本質的なことを考える

の2つがあります。

深く考える力のひとつめは「瞬時に思い浮かべる」です。

繊細さんはひとつのものをみて、瞬時に様々なことを思い浮かべます。他の人が「そこまで考えないよ」というような細かなことまで、特に意識しなくてもぱっと思い浮かべる性質を持っています。

たとえば、カフェのレジ横にハロウィンのかぼちゃが飾られているのを見たとき。

「かわいい！」「もうハロウィンかぁ」といった感想を抱くだけでなく、

「この飾り、店員さんが買いに行ったのかな」

「こういうの飾るのって楽しいよね」

など、一瞬で様々な思いがめぐるのです。

そこには、「へぇ、ハロウィンか」では終わらない、きめ細かく豊かな喜びがあります。

瞬時に思い浮かべることによって、ちょっとした仕掛けに気づいて楽しんだり、相手の優しさの背景を想像してじーんとしたりと、日常の何気ない一コマを存分に味わうことができるのです。

深く考える力（2）
本質的なことを考える

深く考える力の2つめは「本質的なことを考える」です。

繊細さんは、表面的なことよりも本質的なことに注目し、深く掘り下げて考察する傾向にあります。

- バンドの歌詞を読んで「この人たちはどんな人生を送ってきたんだろう？」と興味を持ち、そのアーティストが何歳のときにどの曲を書いたのか、年表を作ってみる
- インターネットを使っていて「なんでパソコンはウェブサイトにつながるんだろう。どんな仕組みなんだろう」と通信の歴史や仕組みを調べる

など、興味を持ったら一直線。自分の興味のあることについて探究し、調べたり思いを巡らせたりと、その世界をとことん楽しみます。

深く考える力の中でも、この「本質的なことを考える力」は、「探究」と隣り合わせ。探究は、人生に格別のおもしろさと喜びをもたらします。

探究というと、発明王エジソンや学者、研究者などが思い浮かぶかもしれません。ですが、探究は一部の特別な人だけが行うものではなく、誰の心にもある好奇心が出発点です。

理由はわからないけれど心惹かれること、毎日の生活の中でつい考えてしまうことはないでしょうか。ふと浮かぶ考えについて、時間をかけてたっぷり考えてもいいんだと気づき、「もっと理解したい」「もっと感じたい」と追い求めたとき、探究が始まります。

ひとり静かに世界とつながる

探究の対象は、大きく「自分」か「世界」かに分けることができます。

興味が「自分」に向けば、文章・絵・歌など表現方法を模索しながら心に潜ることになりますし、興味が料理やアーティスト、政治経済、世の中の仕組みなどの「世界」に向けば、対象について調べたり考察したりして、理解を深めていきます。

探究の対象が「自分」と「世界」のどちらにせよ、思う存分、深く考えることは、それ自体が喜びです。

ブログや日記を書くという日常の行為でも、腰を据えて机に向かい、今日の出来事を思い起こしながら、自分の気持ちにぴったりの言葉を探し当てるとき。

社会の問題について本を読み、ものごとの仕組みを理解していくとき。

仕事であれば、「グラフはこの色使いだとみやすいんじゃないか」「こういう言葉遣いだと相手に伝わりやすいだろう」と想像しながら資料を作り込むとき。深く考えるとき、静かで時間が止まったような、集中できる時間が流れています。

職場やカフェなど物理的にはまわりに人がいても、心の深みに潜っていくのは自分ひとり。まず心理的にひとりになり、それから、調べたり考えたりすることで、対象とつながります。

没頭して深く考えるとき、「ひとりでいること」と「対象とつながること」の両方が同時に成り立っています。

もし、興味の対象が「自分」だとしても、ひとりよがりにはなりません。自分について探究していくと、自分という枠を超えて「人類」に行き着きます。「自分」は、一個人である前に、人間です。ひとりの人間の心の動きは、時代の価値観や生まれた国の文化に影響されており、その根底には、人間としての自然な心の動きがあります。

「自分」がどう思い、どう感じたのかを探究することは、社会のあり方や時代の流れ、他者との関係について考えていくことでもあります。自分の気持ちを掘り下げることは、人間について考えていくことであり、人類へとつながっているのです。

繊細さんにとって、深く考える時間は、**「ひとりでありながら、自分のペースで世界や人類とつながる時間」**。

それは、ひとりの時間を大切にする繊細さんにとって、とても素敵な世界とのつながり方なのだと思います。

直感と思考の繰り返しで、想像以上の結果を出す

深く考えるときにも、ぜひ直感を使ってみてください。直感と思考を交互に使うことで、想像以上の結果にたどり着くことができます。

仕事で資料を作成していて「なんだかちがう」と思ったり、家族やまわりの人と接していて、普段とはちがう様子に気づいたりすることはないでしょうか。

経理を担当している繊細さんは「数字が合わないと、エクセルをぱっとみた瞬間、妙な感じがする」、部下を抱えるマネージャーは「朝会社に行ってチームメンバーの顔を見ると、調子がいいかどうかわかる。ミスしやすそうだなと感じたら、声かけをふやす」といいます。

直感で「なんだかちがう／この辺に大事なことがありそう」とアタリをつけたら、その後は「思考」の出番。「気のせいだろう」「時間がないから」と直感を打ち消さず、思考を使って確かめる。直感と思考を両方使うことで、片方だけではたどり着けない領域にたどり着くことができるのです。

直感は、心と体を土台に発生します。ホモ・サピエンスの時代から現代まで、体には人類の歴史が積み重なっていますから、直感を使うとは、人類の叡智に助けてもらうことでもあると私は考えています。

自分を探究するには、アウトプットする

深く考える幸せを存分に味わうには、**アウトプットが効果的**です。

ブログでも日記でも、気持ちを書くことで心が整理されたり、「私はこう思っていたのか」と驚いたりした経験はないでしょうか。

仕事でも、課題を図に書いてみることで「そういうことか」と気づいたり「あれ、そうするとこの場合はどうなるんだろう」と、新たな疑問が生まれたことがあるかもしれません。

文章・絵・ちょっとした図など、なんでもかまいません。慣れないうちは少々面倒かもしれませんが、アウトプットすることで思考への足がかりができます。

頭の中だけで考え続けるのは、案外難しいもの。文章でも図でも、考えを頭の外に出すことで、そのことを思い浮かべ続けなくてもよくなります。

頭に新しく考えるスペースができ、「外に出した考えを眺めながら考える」ことが可能になる。考えたことを足がかりに、その先へと思考を進めていけるのです。

成果主義から抜け出すと、探究の喜びが現れる

自分の気持ちを掘り下げて書くにせよ、アーティストの年表を作ってみるにせよ、ひとつひとつの作業は地道で、手間も時間もかかります。

「考えるって、本来、時間のかかることなんだ」と知ること。

「考える喜びのために時間をかけていいんだ」と許すこと。

そうやって成果主義から抜け出すことで、深く考える喜びが人生に現れます。

気持ちや感覚を書くことで、自分とのつながりが強くなる

仕事や人間関係についてご相談いただいたあと、しばらくして、相談者さんから「ブログを始めました」「noteを始めました」など、お便りをいただくことがあります。

私のカウンセリングの相談者さんは、人生の転機にさしかかっている方が大半です。ストレスに耐えてまわりを優先する生き方から脱出し、自分の本音を大切にする生き方へと舵を切る。そのタイミングでご相談にいらっしゃいます。

その時期には、それまでひっそり存在していた「自分の気持ち」が、前面に出てきます。**「自分」が育つ時期には、アウトプットがふえる**のです。

誰にも見せない日記でも、不特定多数の人に公開するブログでも、「書く」という行為には、自分を知り、受け止める作用があります。

日々の出来事に対して自分がどう思ったのか、そのときそう感じたのはどうしてか。「人からみてどうか」「誰かの役に立つか」といった他者視点をいったん脇に置いて「本当に思っていること」を書くと、自分がどんなことに心を惹かれ、なにが嫌いなのかがわかってきます。

書くことは、自分の気持ちや考えの存在を認めていく行為です。書き出されたものを目で見て、「そうか、そう思ったんだね」と肯定することでもあるのです。

誰かに自分の話を聞いてもらえると、嬉しいですよね。書くことは、自分で自分の話を聞いてあげるということ。自分とのつながりが強くなるのです。

人生の転機には、内面に向き合う時間を大切に

生き方が変わるとき、最初に内面に向き合う時期が訪れます。人との関わりが億劫になり、ひとりでこもりたくなるのです。

ひとりで過ごす時間がふえ、内面に意識を向けていると

「休みの日に、そんなにひとりでいていいの？　友達と会ったりしなくていいの？」

「ブログはもっとみんなに〝わかりやすい〟ものを書いたほうがいいんじゃないの？」

といった気持ちが湧くかもしれません。

でも、本心では、自分のために時間を使いたくて

「人に会うのは億劫だ。会ってる時間がもったいない……」

「こういう風に書いたほうがウケるんだろうな。でも、そうやって書いてしまうと、

後でモヤッとする」

と思ったりします。内面に意識が向く時期は、まわりに合わせることの優先順位が低いのです。

こんなときは

「友達に会いたくないなんて、人としてどうなの？」

「みんなに〝いいね〟って言ってもらうには」

などの「世間に合わせようとする声」を気にせずに「本当はこうしたい」側に思い切り振ってみてください。

「今この瞬間、こうしたい！」という本心を採用してほしいのです。

人付き合いが億劫になる時期があっても、大丈夫です。内面に向き合いきったら、心は自然と外を向くようになります。

本音を大切に内面と向き合うことで、以前よりももう一段階「本来の自分」に近づくことができ、心から共感できる人たちと出会っていけます。

第4章

表現の幸せ

本当の自分で人とつながる

文章、絵、歌、写真、ハンドメイド、ファッションなどで、
自分の内面を表現している繊細さんが数多くいます。
繊細さんは、解像度の高いカメラのように
「いいもの」をきめ細かく高精度で受け取り、
大事なところをぎゅっと濃縮して表現を生み出します。
表現することで自分の心と深くつながることができ、
発信することで仲間とつながることができます。

表現の幸せ

文章、絵、音楽、写真、俳句、ハンドメイド。

手段は様々ですが、自分の内面を表現している繊細さんは数多くいます。

繊細さんは、解像度の高いカメラのように「いいもの」をきめ細かく受け取って、心の中で味わい、大事なところをぎゅっと濃縮して表現を生み出します。身のまわりにあるものを細やかに感じるからこそ、精緻で複雑な表現ができるのです。

繊細さんが生み出す豊かな表現は、見た人の心をとらえます。

この章では、きめ細かく感じて味わうからこそ可能になる「表現の幸せ」についてご紹介します。

・自分が感じたことを、作品上で再現する
（相手の人柄を写真に映し出す、自分の気持ちにぴったりの言葉を探し当てる）
・表現を通して、自分の内面を知る
・表現を発信し、仲間とつながる
（ＳＮＳで思ったことを発信し、共感できる人とつながる）
・納得いくまで粘り強く表現を磨く

※（カッコ内は例です）

やわらかな日差しをとらえた風景写真、心が伝わる優しい絵、日々感じたことを丁寧に綴ったブログ、社会への疑問や提言。

繊細さんの表現は、細やかで想いにあふれています。

繊細な感性は、相手の心の痛みや職場への違和感、ストレスを感じやすいなど大変なこともあるけれど、世界の美しさや人のあたたかさ、社会の課題にいち早く気づけるということでもあります。

表現には、様々な形がある

表現には、日常的なものから芸術作品まで、様々な形があります。

- 日記を書く
- 興味のある分野についてブログを書く、Twitterでつぶやく、動画で解説する
- 料理を作る
- 人に話す
- 歌う、踊る、楽器を弾く
- 俳句を詠む
- 写真を撮る、絵を描く
- 脚本や小説を書く
- ハンドメイド作品を作る（アクセサリー作り、縫い物、編み物など）

- 記録を残す（イベントや祭りの様子をイラストや文章で書き残す）
- 内面を反映した洋服やメイクをする

など。

自分の内面をなんらかの形で表そうとしたものが、表現です。

ブログを書く、絵を描くといったわかりやすいものだけではなく、料理や、友人に話すなどの日常的なことも、表現になりえます。

毎日の晩ごはんであっても、「お漬物は、この厚さで切ると歯ごたえが良い」「おひたしを美しく器に盛る」など、「僕は／私はこれがおいしいと思うんだ」と、自分の想いを大切に作ったなら、その料理は心を表す表現です。

本音を大切にすると、表現が始まる

第3章で「人生の転機にはアウトプットがふえる」というお話をしましたが、自分の本音を大切に生きるようになると、次第に表現がふえ、そのバリエーションも豊かになっていきます。

これまでSNSは「見る専門」だった人がTwitterでつぶやくようになったり、ブログやnoteで自分の気持ちを綴り始めたり。

しばらく遠ざかっていた編み物や縫い物を再び始めたり、ずっとやりたいと思っていた社交ダンスを習い始めたり。

料理なんて無駄だと思っていた人が、のんびり卵焼きを焼けるようになったり、下ごしらえを楽しみながら料理するようになったり。

本音を大切にするうちに、自分が育ち、あふれてきます。

あふれたものは、最初、その人が得意とする方法で表現されます。

文章を書くのが得意な人は文章を書きますし、絵を描くのが得意な人は、絵を描くようになります。

表現を続けるうちに、表現の分野が広がります。

これまで外見には興味のなかった人が、メイクや洋服を楽しむようになったり。自分の気持ちに向き合って文章を書くうちに、興味のある分野で、少しずつ副業を始めたり。

表現することで、自分がなにが好きでなにが嫌いなのか、どんな人間なのかがわかってきます。直感も磨かれ、「これは自分に合う／合わない」といった取捨選択もよりはっきりとできるようになります。

すると、外見や立ちふるまい、行動にも自分の美学が反映されるようになり、ファッション、暮らし、ＳＮＳ、仕事……と、全方位に「その人らしさ」が表現されていくのです。

カイコのように、「いいもの」を食べて「いいもの」を生み出す

いいものを感じ、深く味わって、表現を生み出す。

繊細さんの表現の様子は、まるでカイコのようです。

カイコが美しい糸を出すように、いいものを食べて、いいものを生み出すのです。

感じることは、食べることに似ています。

「感じる」も「食べる」も、「味わう」という言葉を使いますよね。感じるとは、対象の一部を自分の中にとりこみ、消化していく行為なのだと思います。

美しい糸を生み出そうと思ったら、自分にとって「いいもの」をとりこむことが必要です。

表現の素となる「いいもの」は、人によって様々です。会社勤めをしながら詩を書いているとある繊細さんは、同僚との会話やあたたかい関係が創作の素になっているといいます。

「いいもの」に出会って心が動いた経験が、表現の素として蓄積されます。

おいしいものを食べてそのおいしさを抽象画にしたり、誰かの悩みを聞いて心について考察したり、ペットの動画を撮影して即興の音楽をつけたり。

実際の経験から、核となる美しい部分が抽出されて、表現になるのです。

このとき、繊細さんが得意とする本質を見抜く視点や、ものごとを丹念にみていく細やかさ、そして大事なことを見分ける直感が、核の抽出を助けてくれます。

あなたにとって、表現の素になる「いいもの」は、なんでしょうか。

最近、どんなときに心が動きましたか？

SNSは繊細さんと相性がいい

自分の思いを誰かに伝えたいと思ったとき、表現は「発信」になります。

気の合う仲間をみつけたい、共感できる人とつながりたい、というときにも、発信することは有効です。**「自分が好きなもの」「思ったこと」「感じたこと」をSNSで発信することで、仲間に出会えるのです。**

広い世界で仲間を探せるという点と、一度会っただけではなかなか話せない心の深部まで発信できるという点で、**SNSは繊細さんと相性のいいツール**です。まわりに繊細さんが見当たらない場合でも、SNSで探すとたくさんの繊細さんたちに出会えます。

会社に行く途中に空を見上げると、光がきらめき空気が優しくて、薄い青が何色にも見えた。「ああ、きれいだなぁ」と思わず立ち止まる。

たまたま見かけた映画の予告。美しい音楽と登場人物の短いセリフから、映画に流れる優しい世界観を感じて、涙ぐむ……。

繊細さんの感じることは、きめ細かく豊かで、膨大な量があります。

この膨大な思いを対面で伝えようとすると、どうしても限界があります。

私も試みたことがありますが、よほど興味関心の合う相手でなければ、ブログに書く密度で自分の思いを伝えるのは難しい。それに、対面でのやりとりでは、目の前の相手に意識が向く分、自分の心に潜れる深さは浅くなります。

ＳＮＳであれば

1. まずは自分の内面に集中して思うことを書く
2. それを発信（公開）する

という2ステップに分けられるので、対面よりも自分のペースを保ちやすく、落ちついて表現を追求できます。

世の中への疑問や内面の葛藤など、対面で話すには相手を選ぶような内容も、興味のある人だけに読んでもらえますし、一度では伝えきれない内容もいくつかの記事に分けて少しずつ伝えていくことができます。写真や絵を載せたり、文章も様々なテーマで書いてみたり、動画にしてみたりと、納得行くまで自分に合う表現方法を試せます。

好きなことを発信して、仲間にみつけてもらう

身のまわりに共感できる人が少ない方も、ＳＮＳであれば仲間を探しやすいです。ＳＮＳを通して仲間に出会うには、まわりに合わせて発信するのではなく、自分が「いい！」と思ったもの、本心から出てくるものを発信してください。

道でみつけた花の写真でも、好きなアーティストのことでも、心についての考察でも、内容はなんでもかまいません。とにかく**「自分が好きなもの」「思ったこと」「感じたこと」を、文章や絵、写真などで発信する**のです。

毎日の中でなにを思い、なにを感じるかは、ひとりひとりちがいます。好きなものや感じたことを綴ることは、すなわち自分そのものを表現すること。その表現を見てつながった人は、あなたの思いや感性に惹かれた人です。

自分の好きなものや感じたことを発信することで、価値観の近い人たちが、あなたをみつけやすくなるのです。

そして、自分の心に触れるものを発信するだけでなく、「いいな」と思う相手がいたら、ぜひコメントやリプライなど、積極的にリアクションしてみてください。自分の発信に反応があれば、たいていの人は嬉しいもの。二度、三度とリアクションを重ねるうちに、相手も「あの人だ」とわかってくれるようになり、お互いの投稿を読むようになるなど自然と交流が始まります。

「いいね」に振り回されたときは、表現の方向性をチェックしよう

発信し、誰かから反応をもらえるのは嬉しいものです。ですが、

「誰かに〝すごいね〟って言ってもらえないなら意味がない」

「〝いいね〟の数に振り回される」

など、「誰かに認められること」「大勢に見てもらうこと」が目的になってしまうと、表現の幸せが制限されます。自分が本当にやりたい表現からズレてしまい、楽しくなくなってくるのです。

「世の中に求められること」と「自分がやりたい表現」のバランスをどうとるか。発信する中で多くの人が悩むテーマです。

これらを整理するために、表現の2つのスタイルをみてみましょう。

相手のニーズを打ち返す「呼応」と、自分をみつめていく「深掘り」

表現には、「呼応」と「深掘り」という2つの方法があります。相手のニーズを打ち返す方法と、自分を深掘りして普遍性に行き着く方法です。

1．呼応
まわりのニーズをキャッチして打ち返していく方法。

誰かの悩みに「こういう悩みがあるときは、こうしたらいいよ」とアドバイスするのも「呼応」のひとつです。

2．深掘り
自分を出発点として、ひたすら掘っていく方法。

呼応

深掘り

- 自分の身に起こった出来事について考える
- 疑問に思ったことを調べる
- 日々の出来事を、自分の興味関心に紐づけて考察する

など、まるで座禅を組むように静かにじっくりと考察し、自分の内側から表現したいテーマをみつけていきます。

最初に相手のニーズがあって、それを打ち返す「呼応」に対し、**「深掘り」は、自分の興味関心を追い求める中で、あくまで結果として誰かに必要とされるものが出てくる**、という順序です。

本当の自分で人とつながるには、「深掘り」がおすすめ

私が繊細さんにおすすめするのは、「呼応」ではなく「深掘り」です。

「深掘り」で発信することは、「本当の自分」で人とつながっていくことだからです。

繊細さんは感じる力が強く、ブログやTwitterで自分のことを書くときも、

「こういうことが求められているんだな」

「こういう読者さんが多いから、こんなふうに書いたら伝わりやすいだろうな」

など、相手のニーズを細かくキャッチしています。

相手のニーズをとらえる力が強いからこそ、

「求められることを書くうちに、自分が本当はなにを書きたかったのかわからなくなった」

「発信の方向がどんどん求められる方向に（問題解決に／おもしろい方向に／お役立ちばかりに）流れてしまった」

などが起こります。

相手のニーズに流されすぎると、本当の自分ではなく、「△△してくれる○○さん」という役割でまわりとつながってしまうのです。

発信を楽しめなくなったり、発信内容に違和感が出てきたりしたら、いいねの数

や読者の反応など表現の「結果」ではなく、まずは**「表現する時間そのものの幸せ」を大切にしてみてください。**

ニーズに流されているときは、繊細な感性が相手の方を向いていて、自分とのつながりが薄くなっています。静かにひとりでいられる空間や、リラックスできる場所で、繊細な感性をぐぐぐぐっと自分の方に向けていきましょう。

素の自分がなにを考え、なにを感じているのか、自分の内面や感覚に意識を向けるのです。

本当の自分で人とつながろうと思ったら、まずは自分が自分とつながり、その自分でもって、まわりの人とつながる必要があります。

そのためには、まずは、「誰かに求められること」よりも「自分の心が大きく動いたもの」を大切にしてくださいね。表現したいことが、きっとみつかります。

そして表現する際には、飾ったり妥協したりせず、自分の思いにぴったりくる表現を、粘り強く探すのです。

思ったことを飾らずに書く怖さ

飾ることなく、内面をできるだけそのまま表現する。

簡単そうに思えて、これはものすごく怖いことです。

SNSで初めて発信するときだけでなく、すでに発信してきた人が、これまでよりもう一歩踏み込んで発信しようとしたときも、「怖い」という気持ちが湧くかもしれません。


「こんなことを書いて、わかってくれる人はいるんだろうか」

「こんなに突き詰めて考えるなんて、自分はどこか変なのではないか」

と思うこともあるでしょう。


本当に思ったこと、感じたことというのは、ごく個人的な体験です。ひとりひとりがオリジナルである以上、「自分が思ったこと」と「他の人が思うこと」はちがいます。ごく個人的な体験だからこそ、他者には理解してもらえない可能性があります。

繊細さんは、他の人が考えない深さまで考える傾向にあります。非・繊細さんとは異なる感覚や視点を持つため、思ったことを口にしたときにまわりの人に受け入れられなかったり、理解されなかったりした経験のある人もいます。

過去に痛みを感じた経験があればなおさら、「思ったことをそのまま表現する」というのは怖いことなのです。


ですが、「自分が思ったこと」を深く掘り下げていくと、「大勢の人に共通する思い」に行き着きます。

本やSNSでの発信を読むと、分野や著者はちがっても、最終的には同じことを言っていると思うことはないでしょうか。

精神科医の泉谷閑示氏は、著書の中で、「経験」が個人の中で深められていくと、その出来事の特異性や個人的な要素は次第に薄らいでいって、最終的に普遍性を獲得するものになる、と述べています。

泉谷氏は、普遍性を地下水脈にたとえています。地下水脈にたどり着く前に、途中には緑の水や、赤い水などもある。井戸を掘った場所の違いで（武田注：専門性のちがいで）違う色の水が汲み上がってくるけれど、最も深いところまで掘り切った場合には、どの場所から掘ったとしても必ず同じ地下水脈に当たり、同じ水を汲み上げてくることになる。この地下水脈に共通して流れているものが、普遍的な真実であろう、というのです。

泉谷閑示著『「普通がいい」という病』（講談社）より要約

自分だけだろうかと思っていたことも、発信してみると反応をもらえることがあります。「自分」である前に、「人間」です。人間としての共通部分を信頼し、自分が人間であることに委ねて発信することで、もう一歩踏み込んで、内面を出していけるのではないかと思います。

毎日を生きて、心を見失わずに書いたなら、相手に届くものが生まれる

「こんなこと書いたって、誰にもわかってもらえないんじゃないか」

そう思うことほど、まずは自分のために表現してみてください。

表現は、自分の中でその考えを「あり」にしていく行為です。「こんなふうに思ってもいいのかなぁ」と、どこか心細く思っている自分の話を自分で聞き、「そう思っていいよ。そう感じていいよ」と認めていくことです。

そして発信は、自分の考えを世の中でも「あり」にしていく行為です。

表現のジャンルや内容がなんであれ、今の時代に根を張って生き、感じたことを書いたなら、その時代が反映された表現になります。毎日を生きて、心を見失わずに書いたなら、相手の心に届くものが生まれるのです。

繊細さんは持ち前の繊細な感性で、痛みも喜びもひといちばい強く感じます。だからこそ、毎日の小さな出来事にも心が動き、実感を持って「本当に大切なのはこういうことなんじゃないか」と考えることができます。

実感とともに生まれた表現は、頭でぱっと出したものとはちがって落ち着きがあります。理屈で理解するというよりも、「うんうん、そうだよね」と腑に落ちる、「なんかいいよね」と共感するといった形で伝わります。

心の深部から丁寧に汲み出されたものは、考え方や価値観、感じ方のちがいを越えて、人々の心の深部へと伝わっていくのです。

創作が止まったあなたへ

この本の読者さんの中には、絵や小説などを「昔はあんなに描けたのに、描けなくなった」という方がいらっしゃるかもしれません。そんな方に向けて、人生が変化すると一時的に創作が止まる、という話をしたいと思います。

つらいことがあったとき、「物語の中に居場所を作って心を守る」という没頭の仕方があります。

現実がつらいから、空想を必要とする。生き延びるために必要なので、空想する力も強力になります。必要にかられた、シェルター（避難所）としての物語です。

物語にすることで、自分の身に起こった出来事を理解しようとしたり、傷ついた心を癒やそうとしたりする自己治癒としての物語もあります。

シェルターとしての物語に没入しているときは、ハイで、楽しいものです。気分が高揚し、アイデアがどんどん出てきて（あるいはストーリーが次々に展開し）、書いても書いても尽きることがない。

生き延びるために生まれる世界は、圧倒的な力を持っています。


ですが、やりたいことをやり、自分なりの人間関係を築き……と、自分の人生を歩むうちに、物語の世界に入れなくなります。

「昔はあんなに絵を描いていたのに、描けなくなった」

「小説を書くときの、ワーッ！　という高揚感をもう一度味わいたい。でも、もうあの状態になれない」

となるのです。


そんな相談者さんたちに共通しているのは、**「人生が穏やかになった」**ということです。

現実から避難する必要がなくなり、痛みをある程度治癒できると、物語は、出てこなくなる。
シェルターとしての物語も自己治癒の物語も、役目を終えるのです。

シェルターや自己治癒の物語と、穏やかな日常でゼロベースから始まる創作とでは素材が異なります。
シェルターや自己治癒の物語は痛みの経験がベースにありますが、穏やかな日常をおくりながら編まれる物語は、喜びや希望や、自分が「感じたい」と思って感じたことが素材になります。

自分の意志が反映されていくのです。

ゼロベースの創作にさしかかった方は、まずは、日常の幸せを大切にしてください。安心して生きる日々の中、心が動くものごとに出会うことで、創作の素材が溜まっていきます。
必要にかられて半自動的に物語へシフトしていたときとはちがい、今度は、意志をもって関心のある分野を探究し、そして帰ってくる必要があります。（探究につい

ては第3章をご覧ください）

分野がなんであれ、深く考え、直感を使い、頭と心を織り交ぜながら潜った先には個人を超えたなにかがあるように思います。

私は、建築や詩、写真、気迫のこもった書物に、思想や、大いなるものにつながって汲み出したものを感じることがあります。

個人で考えているだけではたどり着けない、真理のようなもの。多くのものをみ、インスピレーションや、「体」という人類の叡智に助力を得て、初めてたどり着ける領域です。

そこに降りて心と体でなにかを感知しようとするのは、自分という自我を、短時間でも手放す行為のように思います。

平穏な暮らしがあり、また会いたいと思う相手がいて、背中の命綱をたぐるように日常に帰ってこれるから、深みへ潜り、探索できるのです。

「人より上手でなければ意味がない」から解放されたKさん

この章の最後に、創作に悩んでいたKさんのストーリーをご紹介します。

ある日、20代のKさんが相談に訪れました。

会社員のかたわら切り絵をしているKさんは、他の作家さんの作品をみて落ち込み「自分の作品なんて、どうせ……」と思ってしまう。

「他にすごい作家がいるのなら、自分の存在は意味がないのではないか？　自分が創作することに意味はあるんだろうか？」とくすぶっていたそうです。

カウンセリングを通してわかったのは、Kさんは、他人からの評価に縛られているということでした。切り絵では「複雑で細かいものほどすごい」と、はっきり優劣のつく基準を重視していたのです。

創作でも仕事でも、「自分がこうしたい」の次の瞬間には「それが人に受け入れられるには、評価されるにはどうしたらいいか」を懸命に考える自分がいる……。

そのことに気づいたとき、人のために頑張ってきたんだなぁという自分の健気さや不憫さが胸に刺さり、涙があふれてきたといいます。

「あの人の作品も素敵、この人の作品も素敵というだけで、それは優劣じゃない」

と気づいたKさん。

カウンセリングの帰り道、電車の中吊り広告がいつもより色鮮やかに、美しく見えて「私は色が好きだった。色を細かく知覚するのが得意だった。だから切り絵にも色をつけたんだ」と思い出したそうです。

その後、他の人の作品をみて

「あぁ、あの人はすごい、それに比べて自分は……」

と考えたときには

「わかりやすい基準の〝すごい〟を見ているね」

と考え直すようにしたり、コンテストでの入賞を目指していたけれど、今は気持ちが向かないからやめておこう、と思えるようになったり。まわりの人の作品と比べて落ち込むことが少しずつ減っていき、「楽しいから、作りたいから、自分が見てみたいから作る」というスタンスを大事にできるようになってきたそうです。

「前に切り絵を作るのに悩んでいたのはなんだったんだろう、何が変わって落ち着いて作れるようになったんだろう？」と考えたKさん。

以前は人に必要とされたいという思いがあり、それが「切り絵であれ、仕事であれ、能力がなければいけない」という考えにつながっていた。

けれど今は誰かに必要とされることを求めるのではなく、「自分はここにいていいよ、いてほしいよ」と、自分で自分を必要とするようになったことで悩まなくなったのだと思う、と振り返っています。

Kさんはその後、初の個展を開催。会社を辞めてフリーランスになり、ますます作品作りを大切にした生き方をしています。
自分が見たいと思う作品が出来ていくのが、ワクワクするし、嬉しいそうです。

第5章

良心の幸せ

やりたいことをやることで、
まわりの人を笑顔にする

相手に喜んでもらいたいし、世の中を良くしていきたい。
繊細さんは良心的で、ごく自然にまわりのことを考えています。
仕事でもプライベートでも、まずは自分を満たすことで、
人のために使える力が大きくなります。

良心の幸せ

繊細さんは共感力が強く、自分の行動がどんな結果をもたらすかについてもよく考えるため、良心的で社会のルールを守ろうとする傾向にあります。

繊細さんにとって、まわりの人の幸せはとても大切なもの。私は繊細さんから仕事選びのご相談をいただいてきましたが、繊細さんは「相手に喜んでもらいたいし、世の中を良くしていきたい」とごく自然に思っています。なかには地球規模、人類規模の平和を考える人も。

まわりの幸せが大切とはいえ、「我慢してまわりのために」では息切れします。繊細さんは、「自分のため」と「人のため」が重なったとき、最も力を発揮することができるのです。

では、良心の幸せをごく一部ですがみてみましょう。

- 自分が信じることに真摯に取り組む
- まわりの人の笑顔から、大きなエネルギーをもらえる
- 自分の納得と相手への誠実さを両立させて、大きな力を発揮する
- 地球規模、人類規模で幸せや平和を考える
- 自分への親切ではなくても、まわりの人の親切なふるまいをみて嬉しくなる

繊細さんは礼儀正しく良心的。困っている人にいち早く気づいて手助けする、相手を思いやるなど、親切で優しい傾向があります。

「この人は親切そうだ」とまわりの人もわかるのか、よく道を聞かれる、という繊細さんも多数。なかには「海外でも道を聞かれます」という方も。

自分が納得しており、相手にも誠実でいられること。この2つが両立できたとき、繊細さんは大きな力を発揮します。

たとえばボディケアの分野では、ひとつの流派で学んだ技法だけではお客様の体の改善に限界があると感じ、様々な流派の技法を習得して最適な施術を行う、営業分野では、顧客へのアフターフォローを手厚く行うことで、口コミでお客様が訪れるようになり、自分からセールスしなくても高額商品が売れるようになる、といった具合です。

自分が信じることに真摯に取り組み、自分とお客様の双方にとっていい結果を出すのです。

良心の幸せを伸ばすには（1）
自分が「いい」と思うことをやる

繊細さんの良心は、身近な相手だけでなく、遠い関係の相手や、地球環境、動物、植物など様々なものに対して発揮されます。

仕事においても「自分が良ければそれでいい」とはならず、ごく自然に、「相手に喜んでもらいたいし、世の中を良くしていきたい」と思っています。

だからこそ、繊細さんがめいっぱい力を発揮しようと思ったら、**自分の良心にかなうことをやる**必要があります。

私はこれまで、様々な職業の繊細さんに会ってきました。営業、事務、エンジニア、看護師、医師、教師、アーティスト、秘書、伝統工芸の職人、経営者……、あらゆる分野に繊細さんがいます。

どんな職業であっても、気持ちよく働いている繊細さんには共通点があります。それは、**自分が「いい」と思えることを仕事にしている**ことです。

営業職の繊細さんからは「自分が心底いいと思える商品だと、自信を持って売れる。自分が好きじゃないもの、納得行かない商品を売らないといけないのは苦しい」というお話をよく聞きます。

これは一見当たり前に思えるかもしれませんが、世の中には、思い入れのない商品でも「これが仕事だから」と売っていける人もいます。

繊細さんは感じる力が強く、心の中の小さな違和感をそのままにすることができません。「この商品、そんなに好きじゃない」「お客様には不要では」と思っていると、売るたびに嘘をついている気がしてストレスが溜まるのです。

逆に、「この商品が好き」「お客様のためになる」と思うと、わかりやすく商品を説明するパネルを作ったり、相手のニーズを細やかにキャッチしながら話をしたりと、繊細さを活かして売り方を工夫し、どんどん勧めていけます。

繊細さんが仕事で心置きなく力を発揮するには、自分が「いい」と思えることに携わる必要があるのです。

自分にとっての「いいこと」ができる仕事に就くと、心が満たされる

なにを「いい」と思うかは、人によって異なります。

この「いい」「悪い」は、世間的にみた「いい」「悪い」や、稼ぎが「いい」「悪い」、誰かの言う「それっていいことだよね」とは異なります。あくまでも自分がその仕事をどう思うかが大切です。

繊細さんのお話を聞いていると、同じものごとについて正反対の価値観に遭遇することがあります。

雑貨屋で働くAさんは便利グッズやアイデア商品が好き。次々に発売される新商品を「次はこれが売れるんじゃないか」と予想しながら発注するのがおもしろいといいます。

一方、雑貨の卸で働くBさんは、低価格の商品が大量に流通するのを目の当たりにしてモヤモヤ。「地球の資源を大切に、永く大切に使われるものを扱いたい」という自分の思いに気づき、転職を検討しています。

AさんとBさん、両者が関わっているのはどちらも「雑貨」なのですが、ふたりの思いは全く異なります。Aさんは雑貨を扱うのが幸せ、Bさんにとって雑貨は幸せに反する。どちらがいいというのではなく、ただそれぞれ「いい」と思うことがちがうのです。

自分は何を「いい」と思っているのか？

それはすなわち、自分がなにを大切にしているのか、ということ。

自分が思う「いいこと」ができる仕事に就くと、働くたびに「今日もいいことをしたなぁ。よかったなぁ」と心が満たされていきます。

良心の幸せを伸ばすには（2）人を助けすぎなくても大丈夫

「電車で気分の悪そうな人が乗ってきたから、席を譲った」

「同僚が話を聞いてほしそうだったから、『なにかあった？』と声をかけた」

など、繊細さんはまわりの人の困りごとにいち早く気づき、さっと手を差し伸べます。


ちょっとした親切をするのは繊細さんの素敵なところ。

職場でも人知れずまわりの人をフォローしています。

「『ありがとう』と言われて私も元気になった」など、相手の喜びが自分のエネルギーになる方もいらっしゃるでしょう。

その一方で、

「自分がいっぱいいっぱいのときに友達の話を聞き続け、ぐったりしてしまった」

「部署で手がまわらない仕事があるから、私が率先してやっている。なんだかんだといつも忙しくなり、週末は寝て体力を回復させるだけで精一杯」

といった声を耳にします。

まわりを助けることで余裕がゼロになったり、「自分ばかりやっている」とイライラしてきたら、助けすぎのサインです。

そんなときの合言葉は**「相手の力を信じる」**。

「相手は相手でなんとかするから、助けすぎなくても大丈夫」とわかると、生きるのがぐっとラクになります。

ものごとへの反応速度には個人差があって、電話を3コールで取る人もいれば、10コールで取る人もいます。リスクをいち早く予防する人もいれば、実際に問題が起きてから動く人もいます。

繊細さんは気づくのが早いため、相手を助けるのも早い。「ここが危なそうだな」

「困っていそうだな」と察知し、相手から頼まれる前にサッと先回りして動いています。

そうすると、必然的に

「見守っていたら、相手が自力で乗り越えた」

「放って置いたらどうにかなった」

という経験が少なくなります。

いつのまにか「みんなは動いてくれない」「私がやらなきゃ、職場も家庭もまわらない」ような気がしてしまうのです。

ですが、相手は相手で案外なんとかするものです。

生死に関わる場合でなければ、先回りして助けそうになってもぐっとこらえて、自分の本音を優先してみましょう。

すぐには助けず見守ることで、相手が自分でなんとかする場面がみえてきます。

たとえば、友人が話を聞いてほしそうだな、と気づいたとき。

いつもだったら「どうしたの？」と声をかけるところを、「私も自分のことで精いっぱいで話を聞いてあげる心の余裕がない。今日は声をかけるのをやめておこう」と自分の本音を大切にしてみる。

すると、友人は他の人に話を聞いてもらっていた。「私が聞いてあげなくちゃ」と気負わなくても良かったんだな、と気づくかもしれません。

あるいは、職場で手がまわっていないところに気づいては、あれもこれもやらなくちゃと焦ってしまうとき。

いつもなら残業してでもやるところを、私も手がまわらないから余裕のあるときにやろうと保留しておいた。そのうち、その仕事自体やらなくてもよくなった。放って置いてもどうにかなると初めて知った。

といった具合です。

「相手は相手で、なんとかする力がある」

「ものごとは案外なんとかなる」

これを実感すると、生きるのがぐっとラクになります。

相手の力を信じることで「これは大丈夫？　私が◯◯しておこうか？」とハラハラするのではなく、どーんと構えて、「本当にまずい事態になるときだけ」「頼まれたときだけ」動けるようになる。

相手を信頼し、あたたかく見守れるようになるのです。

そして、「ものごとは案外なんとかなる」とわかると、「困らないように」と先回りしなくてもよくなります。

「私がなんとかしなきゃ」と気を張っていたのがすーっとやわらいで、まわりの人の優しさがこれまでよりもよく見えるようになりますよ。

自分の「担当」に全力を尽くす

「人を助けすぎなくても大丈夫」に関連してもうひとつお伝えしたいのは、「自分の担当に全力を尽くすことで、社会がよくなる」という考え方です。

「本当は今の仕事を辞めたいけれど、自分が辞めて同僚に負担がかかると思うと、ためらってしまう」

「HSPの集まりを開催したら、想像以上にみんなが悩んでいた。和気あいあいと話す場にしたかったんだけど、カウンセリングもできた方がいいのかな……」

など、繊細さんは、困っている人をみると「自分がなんとかしなきゃ」と思う傾向にあります。「自分が思う通りに行動すると、誰かが困る（可能性がある）」状況は特に、繊細さんをためらわせます。

「こうしたい」ではなく「こうしたほうがいいんだろうな」と思うとき。
「あの人みたいになりたい」ではなく「ならなきゃ」と思うとき。
「みんなのためには……」という言葉が出てくるとき。

自分の本心とはズレた方向に進もうとしています。

我慢しながら「相手のために」と頑張ると、見返りが必要になります。感謝してもらいたくなったり、「私はこれだけやったんだから、あなたもやってよ」と相手にも苦労することを求めたり。ときには、「私はこんなにやってきたんだから、ちょっとくらい大目にみてくれてもいいじゃない」と、自分の身勝手なふるまいを正当化してしまうことも起こります。

相手のためにと思っていても、そこに我慢があると、いまいち全力になれないし、相手との関係がかえってギクシャクしてしまうのです。

人間は、やりたいことをやるときに一番パワーを発揮できます。

自分の本音に正直に、心から「やりたい」と思える方に進んでみてください。

繊細さんの仕事の相談に乗ってきてつくづく感じますが「やりたい仕事」は千差万別です。

向いていない仕事や違和感のあることは、この広い世界にいる「それがやりたく

て得意な人」に任せ、自分は、自分のやりたい仕事に全力を尽くす。

オールラウンダーになるのではなく、自分の思いや特色を打ち出しながらやりたいことをやることで、自分の考えに共感する人や、そのやり方を必要とする人がまわりに集まります。

自分の思いを大切に、やりたいことをとことんやることで、「自分のため」と「人のため」が自然と両立できていきます。

自分の「担当」に全力を尽くすことが、結果的に、世界を最大限良くしていくことにつながるのだと思います。

事故や事件、災害のニュースがつらいときは

この章の最後に、事故や事件、災害のニュースへの接し方をお伝えしたいと思います。

繊細さんは共感力が強く、相手の悲しみや痛みを深く受け止めます。そのため、

- **事故や事件のニュースを目にしたり、災害が起こったりすると、自分が当事者ではなくても何日も落ち込んでしまう**
- **「どうしてこんなことになったの」「今の状況は？」とニュースを追い続け、どんどんつらくなってしまう**

などが起こる場合があります。

そんなとき、繊細さんはどうしたらいいのでしょうか？

過ごし方のポイントは次の3つです。

1．まずは自分の感情を受け止める

当事者の方々を思うあまり、

「自分がつらいと思ってはいけない」

「自分は安全なところにいるのだから、怖いと言ってはいけない」

など、感情を抑えてしまう、という声を耳にします。


当事者でなくとも、悲しい、怖い、受け止めきれなくてわからない……など、様々な思いが湧くのは、人間として自然なことです。

無理に感情を抑えずに「そうだね、悲しいね」など、自分の気持ちにそっと頷いてあげてください。身近な方や信頼できる方に「こういう事件が起こると悲しい」などと、打ち明けてみるのもいいですよ。

2．つらい気持ちを増幅させないようにする

大きな事故や事件、災害があると、報道がそれ一色になることがあります。目にするのがつらいと思ったら、自分の動揺が収まるまで、なるべくテレビやインター

ネットから離れましょう。

情報をみない＝薄情、ではありません。気持ちが落ち着いてから、支援や対策へつなげていけたらいいのだと思います。

3．情報が知りたいときは、事実ベースの情報を選ぶ

状況を知りたい、支援したい、というときは

- **視聴者の感情をあおる番組や、次々に情報が飛びこんでくるネット記事は避け、淡々と読み上げられるニュースやラジオを中心にする**
- **ＮＧＯやＮＰＯのＨＰから情報を得る**

といった方法がおすすめです。


ＮＧＯやＮＰＯなど支援団体のＨＰには、活動状況が掲載されています。

災害時であれば、「〇名が現地に入り、炊き出しを行った」「必要な物資を届けた」など、支援の情報とともに報告されますから、現地の状況だけを目にするよりも心強いですし、寄付など自分ができる支援にもつながります。

寄付のすすめ。世界を良くすることは、心を落ち着かせる

可能な範囲で、継続的な寄付をするのもおすすめです。

私は、数年前から、ＮＰＯやＮＧＯに毎月定額を寄付しています。災害支援に詳しい人から「災害直後はボランティアもたくさん現地に入るし寄付も集まるけど、時間がたつとガクンと減る。息の長い支援が必要だ」と聞いたのがきっかけです。

最近は寄付の形も様々です。古本やブランド品を売ると買い取り金額がＮＰＯに寄付される、ふるさと納税の際に自治体を通して支援団体に寄付する、社会の課題に対してクラウドファンディングで解決を目指す、などの形があります。

私は、支援団体のマンスリーサポーター（団体によって呼び方はちがいますが）に登録して、クレジットカードで毎月自動的に定額を寄付する方法をとっています。

これは思いがけない副産物だったのですが、継続的な寄付を始めてから、災害や痛ましい事件が起きたときの「なにかしなきゃ」という焦りが減りました。なにかしなきゃ、というのは「なにかできることがあるはずなのに、まだできていない」ときに起こる気持ちです。少しずつでも、できることをすでにやっているという実感が、焦りを減じてくれるのだと思います。

今では、「日頃から寄付しておき、災害時には心が落ち着いた段階で寄付をふやす」という方法に落ちつきました。

寄付を始めた頃は、「寄付といえば赤い羽根共同募金」ぐらいの認識で、どこにどんな支援団体があるのか全くわかりませんでしたが、団体の代表が書いた本やSNSでの発信を読むことで、現場の課題やその団体の取り組みが、少しずつわかってきました。

社会の課題に対してどうアプローチしているのか、団体によって取り組み内容が異なり、それぞれに特色があります。

「ひとり親家庭の子供が進学する際にお祝い金を支給する」「困っている当事者から電話相談を受ける」など、当事者を直接支援する団体もあれば、ウェブで情報を発信することに特化した団体、提言をまとめて政策に反映してもらえるよう政治家に働きかける団体もあります。

　寄付の他にも、署名や支援物資の仕分けボランティアなど、様々な形で支援することができるので、自分に合う方法を探してみてくださいね。

第6章

共感の幸せ

「わかりあう」を手放して、
いろんな人と笑い合う

繊細さんは、相手の気持ちを大切に受け取ります。
相手の事情に思いを馳せ、尊重する傾向にあるため、
聞き上手な方も多いです。
共感の対象は「人」だけでなく、物や場所にもおよびます。
人・物・場所など、深く共感する対象に触れることで、
自分らしい生き方が促進されます。
人間関係では、「わかりあいたい」という思いを手放すことで、
相手とより良い関係を結ぶことができます。

共感の幸せ

繊細さんの性質のひとつに、共感力の強さがあります。

繊細さんは非・繊細さんよりもミラーニューロン（共感を生む働きをするといわれている神経細胞）の活動が活発だといわれています。相手が嬉しそうだと自分も嬉しくなるし、相手が落ち込んでいると心配になる。非・繊細さんよりも、まわりの人の感情に影響を受けやすいのです。

私のカウンセリング経験では、繊細さんは、人や動物だけでなく、物や場所にも深く共感します。

では、共感の幸せをごく一部ですがみてみましょう。

・相手の嬉しそうな様子をみて、自分も嬉しくなる

- 楽しそうな親子連れ、穏やかなカップルなど、人の様子をみてほっこりする
- 映画をみて強く感情移入し、自分も登場人物になったかのように映画の世界を楽しむ
- 美術や音楽に心を揺さぶられる
- 物に共感する（ハンドメイドの作品などをみて、その作品の世界に共感する）
- 場所に共感する（文化遺産など大切にされてきた場所にいると心が落ち着く、イベントなどで和気あいあいとした雰囲気を楽しむ）

※（カッコ内は例です）

繊細さんは、聞き上手

個人差はありますが、繊細さんは聞き上手な方が多いです。

職場で相談されたり、友人どうしでも聞き役になることが多かったり。なかには「あまり親しくない相手からも悩みを打ち明けられる」という人も。

これはスキルによる聞き上手ではなく、相手の言葉を深く受け取る、親身に耳を傾ける、相手を尊重する、といった繊細な感性がもたらす上手さです。

価値観の異なる相手であっても簡単には否定せず、話の背景に思いを馳せて「そういう考え方があるんだ」「それもいいね」と、おおらかに話を聞ける。話し手からすると、安心して話せるし、受け止めてもらえる感じがするのです。

繊細さんの聞く力は、まわりの人たちの力になっています。

「聞き上手」は、自分の意志のもとに使う

繊細さんは聞き上手とご紹介しましたが、もしも「話を聞くと疲れるなぁ」と思ったら、振り返ってみてください。

はて、自分はそもそも相手の話を聞きたいのか？

それとも義務感から「聞いてあげなきゃ」と思っているのか？　と。

会話して元気になるのは、お互いに「話したいし、聞きたい」ときです。聞き役と話し役が交互に入れ替わり、「話しては聞き、聞いては話す」ができるから、満たされるのです。

もしも本音では「聞きたくない」と思っているのなら、快く聞ける状態ではありません。

人間ですから体調もキャパシティもありますし、「自分は話すけど、相手の話は聞きたくない」という人の話は一方的で、聞いていて疲れるものです。

まずは「今、この人の話を聞きたい？」と自分の本音を確かめてみましょう。

本当は聞きたくないな、イヤだなと思ったら、上手に聞く方法を探すよりも、まずはつかまらないようにしたり、つかまったときでもさっと逃げる方に注力してください。まわりに逃げ上手な人がいれば、観察して真似してみるのもいいですよ。

「今は話を聞ける状態じゃないから、ごめんね。また今度」あるいは「この人の話はしんどいから、逃げる！」で、いいのです。

聞き上手なのは繊細さんの強みですが、強みは、自分の意志のもとに使ってくださいね。

自分にも相手にも無理のない話の聞き方

「人の話を聞くのは、自分が聞きたいときだけ」が基本なのですが、そうは言っても逃げられないときもありますよね。

そんなとき、相手を否定せず、かつ自分もラクに聞くにはどうしたらいいのでしょう？　ポイントは同意、共感ではなく「理解」を使うことです。

相手の言葉を

「そっか。**この人にとっては**そうなんだなぁ」

「**この人は**、今、そう考えているんだな」

と**「相手にとっての事実」として認める**スタンスで聞くのです。

「認める」といっても、重く考えなくて大丈夫。

相手の話に、「(あなたにとっては) そうなんだね」「そうなんだね」「そうなんだね」と、スタンプをぽんぽん押していくようなものです。

「ふむふむ」「なるほど」「そうなんだ」などの中立的な相槌を使うと、同意や否定をせずとも、「聞いていますよ」とあたたかい姿勢を示せます。

（ちなみに私はカウンセリングのときは、基本的に、へぇー、うんうん、なるほどそうなんですね、という感じで聞いています）

「自分はそうは思わない」ことに同意、共感しようとするのは、気持ちを無理に曲げることであり、聞いていて負荷がかかります。

でも、「あなたにとってはそうなんだね」と認めるのであれば、相手の考えと距離を置きつつ、否定せずに聞くことができます。

「そうなんだね」スタンプをぽんぽん押しながら軽やかに聞いていると、相手も心を開いて「だって○○なんだもの」と発言の背景を話してくれます。

相手の事情がわかれば「なるほど、そりゃ確かにそう考えるだろうなぁ」と自然な共感が湧いてきますから、そのとき素直に「それは大変だったね」など、自分の気持ちを伝えてあげたらいいですよ。

共感は、人間として湧いてくる自然な心。「共感してあげなきゃ」とコントロールするものではありません。

「そうなんだね」のスタンプを使えるようになると、無理に共感、同意せずとも、相手の話をあたたかく聞けるようになります。

共感する力は、まずは自分の幸せのために活かそう

繊細さんにお伝えしたいのは、**持ち前の共感力は、まずは自分のために活かそう**ということです。

繊細さんは相手の気持ちや状況によく気づくからこそ、相手を思いやれるのですが、相手をケアするばかりでは人と一緒にいるのが負担になります。

繊細さんは本来、まわりの人とのあたたかいやりとりに喜びを見出す人たちです。

だからこそ、「この人といたらしんどいな」と思う相手とは距離をとり、一緒にいて元気がでる相手、のんびりとくつろげる相手と一緒にいる必要があります。

ちょっとワガママかなと思うぐらい、まずは自分を優先することが大切なのです。

もしかしたら、「自分を優先すると他の人にしわ寄せが来るんじゃない？」と疑問に思う方もいるかもしれません。

その点はどうぞご安心ください。

自分が満たされることで心が安定し、これまでとはちがうモチベーションでまわりを思いやれるようになります。

不安から生じる「〜してあげなきゃ」ではなく、安心感をベースにした「〜したい」で行動するようになります。

「ただ自分がそうしたいから、そうする。喜んでもらえたら嬉しいし、そうでなくても別にかまわない」という、見返りを求めないあたたかな思いやりが発揮されるようになるのです。

それに、繊細さんは共感力が強いので、「自分が幸せだったらそれで満足」とはなりません。

悩んでいたときは自分のお話が中心だった相談者さんが、元気になると、「家族のためにも自分の力を活かしたい」「自分と同じように困っている人の力になりたい」

と話すようになったり、社会の課題に目を向けるようになったりすることも、よくあることです。

なにを感じるかは自分で舵をとる

仕事選びのご相談を受けていると、

「人から相談されることが多いし、カウンセラーになるのもいいかもしれない。でも、悩みを聞くとどんより気分が落ちてしまう」

という方にしばしばお会いします。

繊細さんは共感力が強く、相手の気持ちを受け取りやすいからこそ、なにを感じるかは自分で舵をとる必要があります。

人生には、

1．痛みを治癒する時期

2. ゼロ地点
3. 愛や喜びを探究する時期

の3つの時期があります。人間は、山あり谷あり1.～3.を進み、幸せに向かって生きています。

自分が痛みを抱えているときは、人の痛みにも気づきやすいし、寄り添いやすいもの。ですが、痛みが癒え、ゼロ地点を通って（深刻な悩みがほぼ解消されて）自分なりの生き方を歩み始めると、痛みの世界に留まることに違和感を感じるようになります。

自分が悩んでいたことは遠い昔のことになり、今痛みを抱えている人に、心からは寄り添えなくなるのです。

これまで人の痛みに目を向けてきた人も、もし心のどこかで「悲しみはもう充分」「人の悩みは、もうおなかいっぱい」と思ったら、自分の幸せに意識を向けてみてください。

自分が痛みを経験したことで、一時的にまわりの人の痛みに目が向いていたけれ

ど、実は楽しいことや明るいことが好きで、合ってる！　という方もいて、そういった方は、相談業の中でも痛みや悩みを解消するカウンセリングではなく、よりパフォーマンスを発揮するためのコーチングが向いていたりします。

自分の幸せを大切にすることは、今困っている人を見捨てることとイコールではありません。まずは自分が幸せに暮らし、安心や喜びをめいっぱい追求していいのです。

人の痛みにひきずられすぎず、自分がこれから感じたいこと、やりたいことに素直に目を向けていきましょう。

仕事はもちろん、趣味や家事でも、やりたくてやっていることは、まわりの人を幸せにします。好きでやっている人の仕事ぶりは丁寧で創意工夫に満ちており、いきいきと働く姿は見ていて気持ちのいいものです。

なにより、趣味でも家事でもやりたいことをやると、心が満たされてふっくらします。自分が幸せだから、自然と、家族やまわりの人に優しくできます。

自分が幸せになることで、まわりまわって幸せになる人がふえていくのです。

感じることの舵とりをして、自分で自分を幸せにすることが、最大限、世界を良くすることにつながるのだと思います。

「雑談が苦手」なのはなぜ？

共感力の強い繊細さんにとって、まわりの人とのあたたかい交流はひといちばい大切なもの。

職場の同僚やママ友などまわりの人と仲良くしたいと思う一方で、「雑談が苦手」「まわりの人と話が合わなくて寂しい」「みんながおもしろがる話題をおもしろいと思えず、盛り上がりに入っていけない」といった声も聞かれます。

雑談が苦手な場合、いくつかのパターンに分けられます。

（無理に雑談しなくてもいいと思いますので、以下は「本当は雑談できたらいいのにな」という方だけ読んでくださいね）

1．実はその人が苦手

実はその人のことが苦手だったり、話をしても噛み合わなかったり。本音では「相手に興味を持てないし、関わりたくない」というケースです。

職場の同僚に苦手な人が多い場合、もしかしたら、やりたい仕事ではないのかもしれません。本当は人と話すのが好きで接客や営業が向いている人が、「細かい作業は苦手」と思いながら事務として働いていると、事務の人たちと話が合わず、むしろ営業の人たちと仲がいい、といったケースがあります。苦手なことをしていると、まわりの人たちと価値観がずれやすいのです。

この場合は、無理にまわりに合わせるよりも、部署外で仲良くしたいと思える人に話しかける、ひとりで気がねなく休める場所をみつけるなど、自分がほっとする過ごし方を探してみてくださいね。

2．深い話をしたい

「深い話をしたい」という思いが強いと、軽い雑談に意味を感じられなくて、雑談が嫌いになることがあります。

繊細さんは感じることが細やかで膨大な量があり、深く考えるため、身のまわりに同じ感覚の人が少ない傾向にあります。

大勢で雑談するよりも少人数で深く語り合いたかったり、仕事の休み時間にはテレビの話をするより業務の改善点について話したかったり、同じ映画をみても自分ひとりだけがものすごく感情移入していたり。話が噛み合わないのは、自分のせいでもまわりの人のせいでもなくて、ただ「考える深さが異なる」「感じ方がちがう」ということがあるのです。

背の高い人、低い人がいるように、どこまで深く考えるのが「ちょうどいい」のかは個人差があります。これは、優劣ではなくちがいです。

どちらがいい、悪いではなく、ただちがう。まわりの人が熱帯魚だとすると、自分は深海魚のようなものなのです。

もし「まわりの人と話が合わなくて寂しい」「雑談なんて意味ないのに」と思ったら、まずは深海魚仲間を探しましょう。やりたいことをやったり発信したりして、深く話せる相手を探しに行くのです。

仕事でもプライベートでも誰かひとり深く話せる相手がみつかると、心が満足して、「たまには軽い雑談もいいよね」と楽しめるようになります。

繊細な感覚を話せる相手がほしいときは、繊細さんの集まりに行ってみるのもおすすめです。同じ感覚で話せる人がみつかると、ほっとしますよ。

繊細さんの集まりはインターネット上で「ＨＳＰ お話会」「ＨＳＰ 交流会」などと検索してみてください。全国で開催されています。

3.「自分のことを話しても理解してもらえない」とガードしている

雑談が苦手な場合、話の内容よりも「相手と心が通じる感覚がしないこと」が寂しさを生んでいる場合があります。

育った環境において自分を否定されることが多かったり、深く理解された経験が少なかったりすると、いつのまにか「自分のことを話しても理解してもらえない」という認識になっています。

「思ったことを話してもいいんだ」という感覚がないと、相手に合わせた受け答えになります。なんとなくいつも本音を言えなかったり、聞いてばかりになってしまって、つまらない。会話からエネルギーをもらえるどころか、会話が負担になるのです。

この場合は、**ちょっとした「どうでもいいこと」も、頭に浮かんだら話してみる**のがおすすめです。相手の役に立つことではなくても、オチがなくても、頭に浮かんだら伝えてみるのです。

「(育った環境では受け入れてもらえなかったけど)世の中では、思ったことを話しても、受け止めてもらえるものなんだな」

「人って、優しいんだな」

という感覚が育つと、人と接するときのガードが徐々にゆるんできます。

「聞いてばかり」から「聞く&話す」になり、以前よりも雑談を楽しめるようになりますよ。

3.にあてはまる方もぜひ、心の通じる相手を探してみてください。

本音を話せる相手、深い話ができる相手がひとりでもみつかると「人と心が通じる感覚」がわかってきます。

すると、「今日は寒いですね」という一言を交わすだけでも心がほっこりするし、興味のない話題でも、相手が嬉しそうに話していることなら「この人はこういうことが好きなのか」「なんだか、よかったな」と思えたりします。

話の内容や深さにかかわらず、心は行き交っていることがわかるのです。

少しずつでも自分の気持ちを話せて、相手の気持ちを受け取れるようになると、人といる時間がより楽しいものになりますよ。

やりたいことをやっていると、「人生の同期」と出会える

では、本音を話せる人、気の合う人をみつけるには、どうしたらいいのでしょう？

ひとつは「発信」。自分の思いを発信することで、仲間にみつけてもらう方法です。

（詳しくは第4章をご覧ください）

もうひとつは、小さなことからでいいので、やりたいことをやること。発信の「みつけてもらう」に対して、これは「自分からみつけに行く」方法です。

やりたいことをやり始めると、自然と、気の合う人と出会えるようになります。

ここでいう「気が合う」とは、単に「趣味が同じ」という意味ではありません。**大切にしているものや人生の時期が似ている人と出会える**のです。

たとえば、ヨガを始めると、そこには同じように心と体を大切にしようと思っている人がいます。

繊細さんの集まりに行くと、同じように繊細な人と出会いたいと思っている人たちがそこにいます。

副業を始めると、仕事の内容はちがっても、やりたいことを仕事にしようと思って取り組み始めた人と出会います。

行きたい場所に行ったり、やりたいことをやっていると、年齢や肩書きはちがっても、深い話ができる「人生の同期」と出会えるのです。

心が通じる人は、一人みつかれば、二人、三人とみつかる

今「心が通じる人がいない」と思う人でも、大丈夫。

広い世界に、必ず、あなたと心が通じる人がいます。

これは相談者さんをみての実感なのですが、心が通じる人は、一人みつかれば、あとは二人、三人……、とみつかります。

心の通じる相手を誰か一人みつけると、これまでの「いない」という前提が覆され、「いる」になります。

「いる」という前提で人と関わると、「あっ、ここにもいた。あそこにもいた！」と気づけるようになるのです。

「友達と話してもぎこちない。本音を話せる相手がいない」と言っていたとある織

細さんは、心の内を話せる年上の人と知り合い、仲良くなるにつれ、ついにはパートナーと出会いました。

中学生の頃からまわりの盛り上がりに入れず、「自分が思うことは、どこかおかしいのではないか」と思っていたある繊細さんは、ブログで繊細な感性を発信し、仲間をみつけました。

心が通じる人は、この広い世界の中に、必ずいます。

一人や二人ではなく、少なからぬ人がいるのです。

発信したり、行きたい場所に行ったり、「いい人そうだな」とピンときた人に話しかけてみたり。

本音を大切に行動することで、出会える確率が上がります。

広い世界に、出会いにいってくださいね。

深い共感をフックに、自分を取り戻す

繊細さんの共感する力は、人だけでなく物や場所にも働きます。

深い共感を手がかりに、人生を自分らしい方向に進めていくことができます。

このことを説明するために、改めて共感とはなにかをみていきましょう。共感はコミュニケーションによって起こるものですが、コミュニケーションにはレイヤー（層）があると私は考えています。


ふだん私たちは、特に職場では、頭の世界でやりとりしています。業務の報告・連絡・相談など、なんらかの目的があって交わすやりとりは、頭で論理的に考えるものであり、ギブアンドテイクの側面が強いコミュニケーションです。

コミュニケーションのレイヤー

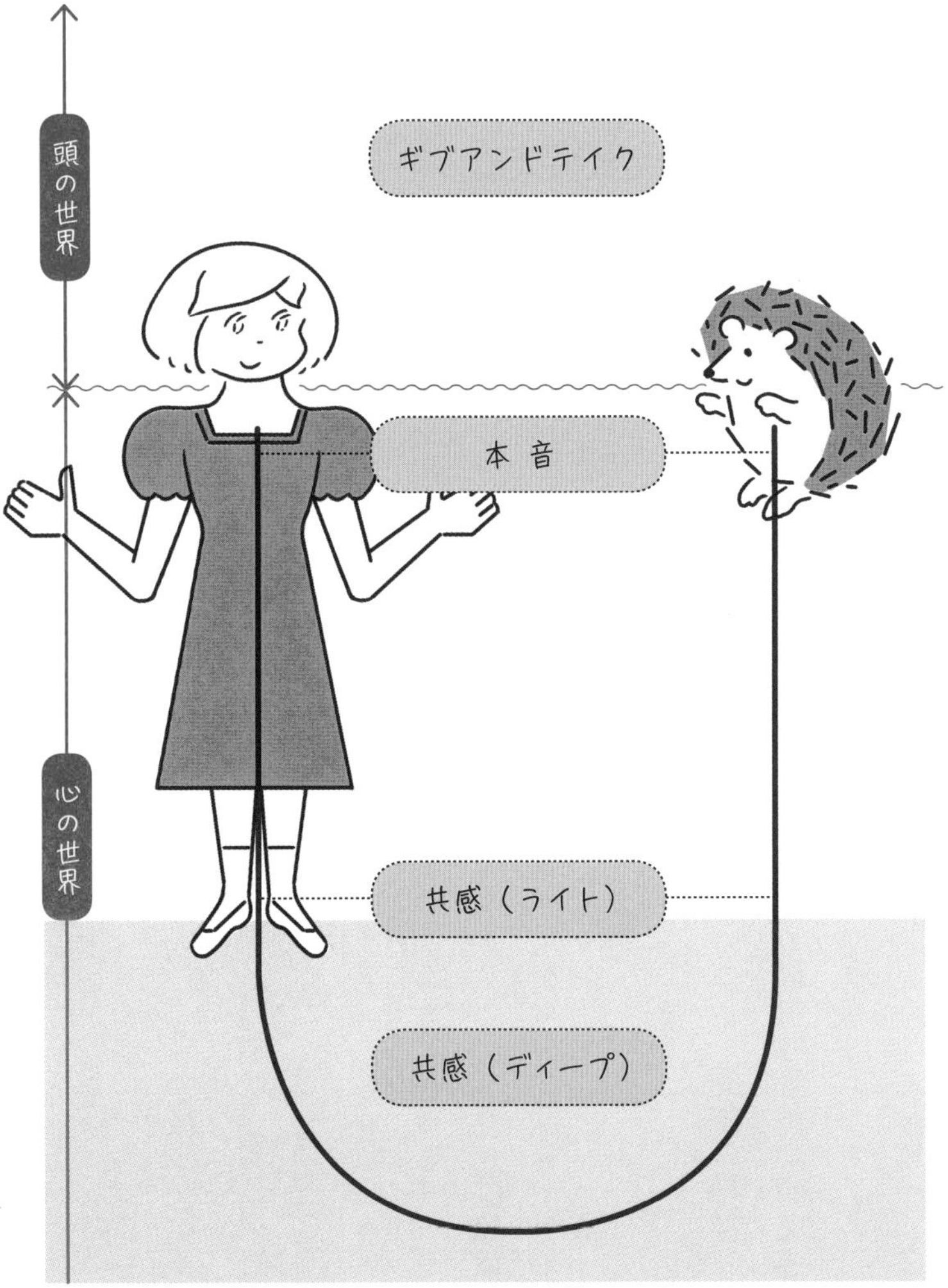

頭の世界の下に、心（＝身体）の世界があります。

「腹を割って話す」って言いますよね。本音は、頭ではなく心（＝身体）の世界にあるのです。

心の世界の中の、本音より下のレイヤーに「共感」があります。

「なんだかいいなって思う」「この人の文章を読んでいると、元気が出る」といった軽めの共感がまずあり、その下に、個人の領域を超えた深い共感があります。

たとえば芸術作品をみたときに、時代や文化を超えて響いてくるような、心の深い部分に響く共感です。

深い共感

深い共感は、様々なものから感じることができます。

音楽、食器、絵画、文化財など「その世界に触れると心が落ち着く」というものはないでしょうか。

ちょっとした「いいね」よりももっと深く共感できるもの。
見たり聞いたり手にとったりすると、頭の考えが鎮まり、呼吸が深くなるようなもの。「そう。そうだよね」と落ち着きがあらわれるものです。

音楽であれ、物や場所であれ、深く共感できるものは、自分が生きる上で大切にしていること――人生の指針――を示しています。

ある人にとっては、田舎の旅館。静けさを大切にした空間に身をおくと、ここが自分のホームグラウンドだと思えるのだそうです。

ある人にとっては、バッグ。職人気質のその人は、クオリティの高い物に触れると「自分もこうでありたい」と思えるのだそうです。

深い共感を呼び起こすものに触れたり、その場所に行くことで、自分がなにを大切にしているのかを思い出せます。

日々の忙しさに流されて自分を見失いそうになっても、深い共感をフックに、自分の中心に戻ってくることができるのです。

「わかりあう」を手放して
いろんな人と笑い合う

ここまで、感じるものを自分で選ぶ大切さや、心が通じる人のみつけ方をお伝えしてきましたが、最後に「わかりあう」を手放すこと、そしてちがいを受け止めるお話をして、この章を締めくくりたいと思います。

職場でも、友人やパートナーに対しても、気持ち良い人間関係を築くポイントは「自分も相手も自由にしておくこと」です。

相手とケンカになるときや、やりとりがしんどいときは、もしかしたら根底に「わかりあいたい」という思いがあるのかもしれません。「わかりあいたい」と言いながら、「私と同じ考え方や感じ方をしてほしい」と求めてしまっていることも、ままあります。

「わかりあうこと」を手放すと、考え方や感覚のちがう相手ともいい関係を築くことができます。

わかりあえること、すなわち、お互いに理解し共感しあえることは、パワーをもらえる大切なこと。ですが、全員とわかりあうことは無理がありますし、たとえ家族や友人であっても、すべてにおいてわかってもらうことはできません。

「わかりあいたい」という思いが強いと、相手に振り回されたり「どうしてわかってくれないの？」と歯がゆい思いをしがちです。

「わかってもらいたくて何度も伝えるけど、わかってもらえない」というときは、目標を「わかってもらう」から「情報提供」に切り替えてみてください。

「わかってもらおう」「納得してもらおう」とするのではなく、「私はこう思う」と、ただ屈託なく情報を提供するのです。

「わかってほしい」「共感してほしい」「納得してほしい」などは、すべて相手に対するコントロールです。相手を変えようとすれば反発を招きます。

自分の考えや、やってほしいことを伝えるところまでが、自分の領分。伝えられたことに共感するかどうか、納得するかどうかは、相手の領分。相手が自分で決めることなのです。

「私はこう思う」と伝えて、わかってもらえるときもあるし、わかってもらえないときもある。両方あっていいんです。

「わかって！」という相手に対するコントロールを手放すと、自分も相手も自由になります。

考え方や感覚のちがう人たちともさっぱりした関係を築けるようになり、たくさんの人たちと出会っていけますよ。

ちがいを受け止めると世界が広がる

カウンセリングを通して、ちがいを受け止めることの力を感じるようになりました。

「わかるよ。私もそう思うよ」

と言われるのもいいのですが、それは「自分と同じ」であるということ。もしも自分の発言すべてに同意や共感をもらえるなら、それは自分と話しているようなもので、独り言と同じ。いくら相手と話しても自分の壁の中から出られず、どこまでも寂しいままです。

「そっか。私にはわからないけど、あなたにとってはそうなんだね」

と、**ちがいをそのままにできた**とき、人間が持つあたたかい心——思いやりや、ちがいを受け止める度量——に触れ、世界が広がっていきます。

「この人は、理解しようとしてくれている」と思えると、相手の言葉が心に届くようになります。

「あなたはそう感じるんだね」といったん受け止められ、自分の考え方や感じ方を拒絶される怖さが去って初めて、自分とは異なる意見にも耳を傾けられるようになります。

ちがいを受け止めた後に伝えられる「私はこう思うよ」「こんな考え方もあると思うよ」という言葉は、その人を開眼させます。

自分の考え方以外にも様々な考え方があり、それはそれでいいものである可能性に、ふと気づくのです。

おわりに　自分とつながり、世界とつながる

自分の心に耳を澄ませて、自分とつながる。
空の美しさを感じて、空とつながる。
人の優しさを感じて、人とつながる。

「感じる」とは、対象の一部を自分の中にとりこむことであり、それはつまり「つながる」ということなのだと思います。

内面や体の感覚に意識を向け、「自分」とつながったとき、心に静かな安心が広がります。

忙しい日々の中、繊細なアンテナはまわりのできごとをキャッチしやすいけれど、まずは自分とつながり、その自分でまわりとつながることが、幸せを感じる土台になるのです。

本書を書きながら改めて、繊細さは、共に生きるものなのだと感じました。

ひといちばい感じ、深く考え、味わう。

この繊細さは、繊細さんにとって、自分を構成する大切な一部分。武器や道具として「使う」のではなく、「なにを感じてもいいよ。大丈夫だよ」と共に生きることで、のびのびと育っていきます。


「もっともっと」と効率や生産性に追われる生き方から、「空がきれいだな」「ごはんがおいしいなぁ」「ぼーっとする時間って気持ちいい」と、毎日の幸せを存分に味わえる生き方へ。

本書が、みなさまの幸せにつながれば嬉しく思います。


これまで出会った繊細さんに、心より感謝申し上げます。みなさまとのお話から、人間が持つたくさんの優しさと強さを受け取りました。ありがとうございます。

「繊細さんの悩みについて書いた本はたくさんあるけれど、悩みの解消ではなく、その先を知りたい」と言ってくださった編集者の吉田さん、美しいイラストを描いてくださったイラストレーターの北澤さん、デザイナーの小川さん、そしていつも見守ってくれる家族に、心から感謝を込めて。

よく晴れた東京にて。　武田友紀

参考文献

『ささいなことにもすぐに「動揺」してしまうあなたへ。』エレイン・Ｎ・アーロン著、冨田香里訳、ＳＢクリエイティブ

『「普通がいい」という病』泉谷閑示著、講談社

ララマル　山口由起子オフィシャルブログ　https://ameblo.jp/yamaguchiyu/

『ひといちばい敏感な子』エレイン・Ｎ・アーロン著、明橋大二訳、１万年堂出版

『ＨＳＣの子育てハッピーアドバイス　ＨＳＣ＝ひといちばい敏感な子』明橋大二著、太田知子（イラスト）、１万年堂出版

『幸福の習慣』トム・ラス　ジム・ハーター著、森川里美訳、ディスカヴァー・トゥエンティワン

『「敏感すぎる自分」を好きになれる本』長沼睦雄著、青春出版社

［著者］

武田友紀（たけだ・ゆき）

HSP専門カウンセラー。自身もHSPである。九州大学工学部機械航空工学科卒。大手メーカーで研究開発に従事後、カウンセラーとして独立。全国のHSPから寄せられる相談をもとに、HSPならではの人間関係や幸せに活躍できる仕事の選び方を研究。HSPの心の仕組みを大切にしたカウンセリングとHSP向け適職診断が評判を呼び、日本全国から相談者が訪れる。著書に『「気がつきすぎて疲れる」が驚くほどなくなる「繊細さん」の本』（飛鳥新社）、『繊細さんが「自分のまま」で生きる本』（清流出版）がある。ラジオやテレビに出演する他、講演会やトークイベントなども開催し、HSPの認知度向上に努める。

HP 繊細の森 で検索してください。
https://sensaisan.jp/
コラムやエッセイを多数掲載中。

今日も明日も「いいこと」がみつかる
「繊細さん」の幸せリスト

2020年4月8日　第1刷発行
2020年9月30日　第9刷発行

著　者——武田友紀
発行所——ダイヤモンド社
〒150-8409　東京都渋谷区神宮前6-12-17
https://www.diamond.co.jp/
電話／03･5778･7233（編集）　03･5778･7240（販売）

装丁・本文デザイン－小川恵子（瀬戸内デザイン）
イラスト——北澤平祐
本文DTP——桜井淳
製作進行——ダイヤモンド・グラフィック社
印刷／製本—勇進印刷
編集担当——吉田瑞希

ISBN 978-4-478-10932-8